# Dal Fy Nhir

# Dal Fy Nhir

Dafydd Jones

gydag Alun Gibbard

*I Jac a Lili-Ela, oedd yn rhy fach*
*i gofio Dad yn chwarae*

Argraffiad cyntaf: 2011

© Hawlfraint Dafydd Jones a'r Lolfa Cyf., 2011

Dymuna'r cyhoeddwyr gydnabod cymorth ariannol
Cyngor Llyfrau Cymru

Llun y clawr: Huw Evans
Cynllun y clawr: Y Lolfa

Rhif Llyfr Rhyngwladol: 978 1 84771 357 5

FSC

Cyhoeddwyd, rhwymwyd ac argraffwyd yng Nghymru gan
Y Lolfa Cyf., Talybont, Ceredigion SY24 5HE
*gwefan* www.ylolfa.com
*e-bost* ylolfa@ylolfa.com
*ffôn* 01970 832 304
*ffacs* 832 782

Yr hyn wnaeth fy nghyffroi ynglŷn â Daf oedd pa mor athletaidd oedd e, y gwaith caled roedd e wastad yn ei roi i bob gêm, ei allu i gario'r bêl fel blaenwr a'i agwedd dim nonsens at y gêm.

> Steve Hansen, cyn-hyfforddwr Cymru
> ac un o hyfforddwyr y Crysau Duon

Mae wedi bod yn was anhygoel i'r Scarlets a Chymru ac mae wedi bod yn bleser pur i chwarae wrth ei ochr ar hyd y blynyddoedd.

> Stephen Jones, maswr y Scarlets, Cymru a'r Llewod

Cam doeth iawn fydde dewis cael Daf Jo wrth eich ochor pan ma pethe'n mynd yn anodd. Bydden i'n barod i fynd i ryfel gydag e.

> Mark Davies (Carcus), *physio* Cymru

Yn syth, roeddech chi'n gallu gweld bod ganddo dalent sbesial iawn. Jyst i edrych ar Daf mae'n amlwg bod ganddo'r holl rinweddau corfforol i chwarae, ond, yn wahanol i nifer fawr o chwaraewyr, mae ganddo set o sgiliau nad ydynt yn ail i neb.

> Martyn Williams,
> blaenasgellwr y Gleision, Cymru a'r Llewod

Fe greodd Daf argraff arna i o'r eiliad gynta gyda'i ymroddiad a'i agwedd barod tuag at weithio'n galed a gwella ei hun – rhywbeth sydd wedi bod yn gyson ac yn amlwg iawn dros y blynyddoedd.

> Robin McBryde, cyn-chwaraewr i'r Scarlets, Cymru a'r
> Llewod a hyfforddwr blaenwyr Cymru

Daf fydde un o'r enwau cynta ar fy rhestr *dream team* o'r holl chwaraewyr dw i wedi chwarae gyda nhw neu yn eu herbyn.

Matthew Rees, capten Cymru,
bachwr y Scarlets ac un o'r Llewod

Mae sawl chwaraewr o'r safon ucha yn gallu cuddio'r awch, yr angerdd a'r uchelgais i lwyddo yn eu camp a bod yn unigolion hoffus a dymunol yn eu bywyd bob dydd. I fi, mae Daf yn un o'r bobol hynny.

Nigel Davies, prif hyfforddwr y Scarlets

Mae'n cynrychioli ei gymuned ac mae wedi ennill parch pob chwaraewr sydd wedi chwarae gydag e a nifer fawr sydd wedi gorfod wynebu ei chwarae digyfaddawd yng nghrys y Scarlets a Chymru.

Gareth Jenkins, cyn-hyfforddwr Cymru a'r Scarlets

Daf Jones – am chwaraewr!

Scott Quinnell, y Scarlets,
Cymru a'r Llewod a seren Rygbi'r Gynghrair

Byddai Daf yn brwydro i'r eitha dros ei achos, heb feddwl dim am ei les ei hun.

Simon Easterby, y Scarlets, Iwerddon a'r Llewod

# 1

# Yr Anaf Ola

CHWARTER AWR OEDD ar ôl o'r gêm. Cymru yn erbyn mawrion y Crysau Duon, mis Tachwedd 2009. Roedd awyrgylch arbennig wedi bod i'r gêm honno o'r funud y cododd yr haul fore Sadwrn, 7 Tachwedd. Dyma'r gêm fwya ar y calendr, wrth gwrs. Y Crysau Duon yn y brifddinas. Chewch chi ddim gêm o rygbi fwy cyffrous na hynny yma yng Nghymru. Methiant fu pob ymdrech gan Gymru i guro'r All Blacks ers 56 o flynyddoedd, fel yr oedd pob sylwebydd teledu, radio a phapur newydd wedi ei nodi hyd at syrffed yn ystod yr wythnos cyn y gêm. Y gobaith bob tro pan fydden ni'n eu chwarae nhw oedd y bydden ni'n cael gwared ar y record ddiflas honno, a doedd neb ishe gwneud hynny'n fwy na ni'r chwaraewyr.

Gêm ar benwythnos Sul y Cofio oedd y gêm hon, a chyn y gic gynta cafodd y 'Last Post' ei chwarae, gan atsain yn hudolus rownd powlen Stadiwm y Mileniwm cyn y funud o dawelwch. Mae'n deimlad arbennig pan fydd dros 70,000 o bobl mewn stadiwm mor enfawr yn tawelu'n llwyr, a dyna ddigwyddodd ar ddechre'r prynhawn emosiynol hwn. Mae'n bosib taw dyna pam na chafwyd yr un ymateb gan Gymru i Haka'r Crysau Duon ag a welwyd yn y stadiwm flwyddyn ynghynt pan wnaeth tîm Cymru wrthod symud bant ar ôl iddyn nhw wneud eu dawns ryfel draddodiadol cyn y gêm a mynnu herio'r 15 mewn du wyneb yn wyneb mewn ffordd na chawsai ei gwneud cyn hynny. Fe greodd gryn gyffro yn y byd rygbi, ond doedd e ddim i fod digwydd cyn y gêm hon.

Wedi 65 munud o chwarae gofynnodd Warren Gatland i fi adael mainc yr eilyddion i chwarae gweddill y gêm yn y safle rhif 6 yn lle Andy Powell. Y Crysau Duon oedd ar y blaen ar y pryd, o 19 pwynt i 6. Roedden nhw'n rheoli'r chwarae yn yr ail hanner a Chymru heb sgorio'r un pwynt ers yr hanner cynta. Cafodd Seland Newydd eu cosbi am fynd dros y top ac anelodd Stephen Jones at y pyst. Aeth y gic drosodd ac felly roedden ni 'nôl o fewn 10 pwynt a llygedyn bach o obaith gyda ni i'w herio.

Does byth brinder o ddigwyddiadau dadleuol pan fyddwn ni'n chwarae'r All Blacks, a daeth un yn weddol glou wedi'r gic 'na 'da Stephen. Cafodd Shane Williams y bêl yn ei ddwylo a dechreuodd ddawnsio rhwng y taclwyr fel ma fe'n neud mor dda. Pasodd e'r bêl i un o 'nghyd-chwaraewyr i yn nhîm y Scarlets, Martin Roberts, ac yntau â'i fryd ar barhau â'r symudiad. Ond aeth maswr gorau'r byd i fod, Dan Carter, draw i'w daclo. 'Na beth oedd tacl anfaddeuol! Lot yn rhy uchel ac yn rhy beryglus. Yn anffodus roedd hi'n un o'r tacls hynny a gafodd ei gweld gan dros 70,000 o bobl yn y stadiwm ond nid gan y dyfarnwr, a hwnnw'n sefyll ar bwys y chwaraewyr ar y cae! Chafodd Carter mo'i gosbi am y dacl honno ond fe oedd y dihiryn mwya yn y stadiwm am weddill y gêm ac fe wnaeth y dorf yn siŵr y bydde sŵn byddarol bob tro y cyffyrddai yn y bêl tan y chwiban ola. Doedd y ffaith i'r digwyddiad gael ei ailddangos ar y sgrin yn fawr o help i achos Carter!

Gyda chwe munud i fynd dyma Zac Guildford, eu hasgellwr nhw, yn cael ei gosbi am ddod i mewn i'r ryc o'r ochor gan roi cyfle arall i Stephen gau'r bwlch rhwng y ddau dîm. Llwyddodd i wneud hynny a nawr doedd hi ond yn 19-12 i'r Crysau Duon. Falle fod gobaith wedi'r cyfan i gael gwared ar y record ddiflas honno gan fod pum munud arall ar ôl o'r gêm. Roedd yn rhaid meddwl yn bositif.

Daeth hynny'n fwy o bosibilrwydd wrth i Alun-Wyn Jones ryng-gipio pàs gan fewnwr Seland Newydd, Jimmy Cowan, a dechre carlamu i lawr canol y cae a neb o'i flaen. Roedd y llinell gais yn agosáu! Oedd posib i unrhyw un ei rwystro? Bydde'r trosiad yn gymharol rhwydd o flaen y pyst ac yn dod â ni'n gyfartal gan sicrhau diwedd cyffrous i'r gêm. Ond, yn anffodus, chwaraewr ail reng yw Alun-Wyn ac nid un o'r cefnwyr, a doedd y cyflymdra ddim 'da fe i orffen ei rediad a chyrraedd y llinell. Cafodd ei daclo ond llwyddodd i ryddhau'r bêl a daeth hi mas i Jamie Roberts. Bwrodd e'r bêl 'mlaen ond fe wnaeth y Crysau Duon droseddu a chiciodd Stephen y gic gosb dros yr ystlys. 'Na beth oedd cyfnod o bwyso a phwyso. Fe roion ni bopeth i mewn yn y chwarae. Teimlad grêt oedd clywed y dorf y tu ôl i ni wrth iddyn nhw godi eu llais. Ma fe'n gwneud cymaint o wahaniaeth, credwch chi fi. Ein lein ni oedd hi felly, bum metr yn unig o'u llinell gais nhw, a'r dorf yn disgwyl i ni gadw'r pwyse ar y Crysau Duon a chroesi am sgôr. Ond fe gollon ni'n lein ein hunain ac fe gliriodd Seland Newydd y bêl lawr y cae. Y cyfle wedi mynd a dim ond dwy funud ar ôl ar y cloc. Doedd dim sgôr pellach, a cholli fu ein hanes unwaith eto o 19 i 12 – lot gwell sgôr, cofiwch, nag yn y gêm y flwyddyn cynt, pan gollon ni o 29 i 9 a Dan Carter yn sgorio 19 o'r pwyntiau. Yn y ddwy gêm yna, felly, daeth ein hunig bwyntiau ni o droed Stephen – tair cic gosb yn 2008, pedair yn 2009. Diolch byth ein bod ni'n gallu dibynnu ar rywun mor ddawnus â fe. Arwyddodd Stephen i'r Scarlets flwyddyn cyn y gwnes i, ac roedd y ddau ohonon ni felly ymhlith bois ifanca'r garfan ar y pryd.

Capten y Crysau Duon y diwrnod hwnnw yn 2009, fel yn y gêm y flwyddyn cynt, oedd yr enwog Richie McCaw, yr un a oedd yn fy ngwynebu i, dalcen wrth dalcen, ymhob sgrym. Fel mae'n digwydd, blaenasgellwr byd-enwog oedd capten y Crysau Duon pan chwaraeais i yn eu herbyn y tro cynta erioed hefyd, yn Stadiwm y Mileniwm yn 2002, sef Taine Randell. Coten gawson ni'r diwrnod hwnnw, colli o 43 i 17. Roedd chwech o dîm Seland Newydd yn ennill eu capiau cynta yn ein herbyn ni yn y gêm honno, gan ddangos y dyfnder sy 'da nhw o ran talent i chwarae rygbi. Yn eu plith roedd dyn a ddaeth yn ffrind i fi rai blynyddoedd wedyn yng ngharfan y Scarlets, sef Regan King. Dyna'i unig gap fel mae'n digwydd, ond fe sgoriodd gais yn ein herbyn ni'r diwrnod hwnnw. Hon oedd gêm brawf ola'r cefnwr Ben Blair hefyd. Aeth e wedyn i chwarae i'r Gleision yng Nghaerdydd ac mae'n dal i chwarae i'r tîm hwnnw. Roedd aelod o reng ôl y Gweilch, Marty Holah, hefyd ar y cae yn y gêm honno. Ac yn yr un tîm â'r tri yna roedd boi o'r enw Jonah Lomu. Profiad unigryw oedd cael bod ar yr un cae â'r cawr cyflym, cyhyrog hwnnw. Ond credwch neu beidio, dw i ddim yn cofio lot fawr amdano fe yn y gêm honno! Dw i'n cofio lot mwy amdano fe, yn sicr, pan 'nes i chwarae yn ei erbyn mewn gêm 7 bob ochor!

Ond 'nôl at Richie McCaw. Dw i wedi chwarae sawl gêm yn ei erbyn, a galla i ddweud 'mod i wedi cael sawl gornest galed hefyd! Doedd y gêm hon yn 2002 ddim yn eithriad. Dyw'r cof cynta sy 'da fi ohono fe a'r argraff gynta wnaeth e arna i ddim yn ffafriol iawn i flaenwyr Cymru. Roedden ni i gyd yn gwbod amdano fe cyn iddo chwarae i'w wlad am y tro cynta. Roedd newyddion am ei allu a'r hyn y gallai ei gyflawni ar y cae 'nôl adre wedi'n cyrraedd ni'n barod. Daeth y dydd pan oeddwn i a fe'n wynebu ein gilydd ar y cae am y tro cynta. Gan ei fod e'n chwarae ar yr ochor agored a fi'n chwarae rhif 6 neu rif 8, golygai hynny ein bod ni'n cwrdd â'n gilydd yn aml iawn. Dyw e ddim y boi mwya y bydde'n rhaid i mi ei wynebu ond twpdra fydde gadael i hynny 'nhwyllo i! Daeth sgarmes gynta'r gêm a lawr â'r ddau ohonon ni am y bêl. Fe gydiodd yndda i gynta cyn dechre symud 'mlaen o'r sgarmes. Fe aeth tri o'n blaenwyr ni i'w daclo ond, wrth i fi orwedd ar y llawr ar waelod y sgarmes, codes fy mhen a'i weld e'n cario'r tri ar ei gefn am ryw chwe neu wyth llath. Dw i'n cofio nawr gymaint y gwnes i ryfeddu at ei nerth a'i gryfder wrth ei weld yn gwneud y fath beth. Doedd y cof cynta hwnnw ddim yn un o'r rhai mwya pleserus i fi fel un o chwaraewyr Cymru, ond dangosodd yn glir i ni fod Richie McCaw wedi cyrraedd.

Y flwyddyn ar ôl y gêm honno roeddwn i 'nôl yn chwarae yn ei erbyn yng Nghwpan y Byd yn

Awstralia yn 2003, ac yna yn 2004 yn chwarae'r gêm fawr honno pan gollon ni o un pwynt yn unig. 'Na beth oedd gêm ffyrnig! Ar ôl y gêm fe ddaeth McCaw ata i a dweud taw fi oedd y gwrthwynebydd ffyrnica iddo chwarae yn ei erbyn. Does dim ishe dweud bod hynny wedi golygu lot fawr i fi ar y pryd ac mae'n dal i roi pleser i fi heddi.

O 'mhrofiad i ar y cae rygbi, fe yw'r blaenasgellwr gorau yn y byd. Does dim gwadu hynny. Yn sgil y ffaith honno y cafodd yr holl sylw ynglŷn â'r ffordd y bydd e'n chwarae – bob amser ar y ffin wrth chwarae o fewn y rheolau, yn plygu'r rheolau ar adegau a bryd arall yn eu torri. Dyna yw'r sylwadau cyson a wneir yn ei erbyn, ac maen nhw i gyd yn wir. Ond y pwynt yw hyn: mae pob blaenasgellwr arall, a finne yn eu plith, yn gwneud yr un peth. Mae rhywun fel Martyn Williams yn waeth na neb, ond ody fe'n cael yr un sylw â Richie? Na 'di. Caiff Richie fwy o sylw am fod 'da fe broffil uwch fel chwaraewr na'r gweddill ohonon ni. Y cyfryngau sy'n gyfrifol am greu'r fath sefyllfa. Mae hynny'n anffodus iawn iddo fe ond yn grêt i'r gweddill ohonon ni!

Mae pob blaenasgellwr yn dod i nabod y dyfarnwyr sy'n rheoli'r gêmau, a'u nabod yn well nag unrhyw chwaraewr arall yn y tîm, dw i'n siŵr. Mae pob dyfarnwr yn dehongli'r un rheolau mewn ffyrdd gwahanol ac mae'n hanfodol i'r blaenasgellwr wbod yn union sut bydd y dyfarnwr yn dehongli'r rheolau sy'n ymwneud â'r sgarmesi rhydd yn arbennig. Mae McCaw yn feistr ar hyn ac wedi arwain yn y modd y bydd yn paratoi ar gyfer pob gêm cyn i'r un bêl gael ei chicio. Bydde blaenasgellwyr yn gwneud hynny cyn iddo fe ddechre chwarae ond ma fe yn paratoi yn llawer mwy trylwyr ar gyfer pob gêm. Mae 'da fe berthynas dda â'r dyfarnwyr, sy'n holl bwysig i flaenasgellwr am ein bod ni'n byw ar y ffin rhwng bod o fewn y rheolau a'u torri. Roedd hynny'n arbennig o wir amdana i fel aelod o'r rheng ôl. Doeddwn i ddim yn enwog am gario'r bêl ond, yn hytrach, am wneud y gwaith caib a rhaw yn ardal y dacl ac yn y sgarmesi, lle mae'r gwaith caled a brwnt yn digwydd – gwaith brwnt wedes i, dim chwarae brwnt, wrth gwrs!

Beth bynnag, McCaw unwaith eto oedd yn y tîm buddugol ym mis Tachwedd 2009, er gwaetha'r cyffro ar y cae yn ystod y chwarter awr y bues i'n chwarae. 'Bron â bod' oedd y stori i ni'r Cymry. Ond nid dyna holl stori'r gêm yn fy achos i. Honno fydde'r gêm ola o rygbi y bydden i'n ei chwarae. Pan aeth y chwiban ola, daeth deuddeg mlynedd o chwarae rygbi ar y lefel ucha i ben. Un dacl fu'n gyfrifol am hynny. Un ergyd. Mae blwyddyn a hanner bellach ers y digwyddiad hwnnw a dw i'n dal i deimlo effaith yr ergyd, er bod yr anaf wedi gwella erbyn hyn.

# 2

# Byw Gyda'r Boen

SBELEN FACH AR ôl i fi ddod 'mlaen i wynebu'r Crysau Duon, roedd Cymru'n ymosod. Dw i ddim yn credu i fi gyffwrdd yn y bêl o gwbwl cyn hynny. Fe 'nes i sawl tacl ond ddaeth y bêl ddim i 'nwylo i. Yna fe weles i fwlch aruthrol yn agor wrth ochor Stephen Jones ac ynte'n rhedeg lan y cae. Symudes i at ei ysgwydd er mwyn derbyn pàs ganddo a bwrw i mewn i'r bwlch enfawr roeddwn i wedi'i weld. Daeth y bêl ata i a bant â fi. Dw i'n gallu gweld y cyfan yn blaen o hyd, fel petai mewn *slow motion*. Yn anffodus roedd eu prop nhw, Franks, wedi 'ngweld i. Daeth e 'mlaen i'r cae fel eilydd hefyd, ac roedd yn gwisgo rhif 17, dw i'n cofio hynny'n ddigon clir. Licen i ddweud taw asgellwr ddalodd fi, ond yn anffodus prop oedd e – *gutted*! Hefyd, dw i ddim yn siŵr a fydden i wedi mynd am y fath symudiad petai cyfle wedi dod ar ddechre'r gêm. Ro'n i'n mynd fel trên! Yr holl siarad ymhlith y tîm hyffordi drwy'r wythnos oedd bod y rhai ar y fainc wedi cael eu dewis er mwyn dod 'mlaen ar y cae i greu argraff pan fydde angen. 'Impact' oedd y gair mawr a gâi ei bwysleisio wrthon ni ar y fainc. Dyna beth roeddwn i am ei greu wrth ddod ar y cae y diwrnod hwnnw. Yn anffodus, dw i ddim yn ystyried fy hunan yn chwaraewr 'impact', ond dyna oedd y brîff i ni ar y fainc. Shaun Edwards oedd yn pwysleisio'n rôl ni fel eilyddion yn ystod yr wythnos cyn y gêm, ac fel arfer ei frawddeg agoriadol oedd,

'You're obviously not good enough to start the game on Saturday, but what we want is an impact from you when you come on!'

Shaun Edwards yw e – mae e mor gynnil â chael clatshen 'da rhaw yn eich wyneb! Roedd Warren Gatland yn hoff iawn o 'newis i i chwarae oddi ar y fainc gan ei fod yn credu bod gen i lot i'w gynnig wrth ddod 'mlaen i chwarae a chreu argraff amlwg a sydyn yn ystod chwarter ola gêm. Dyna un arwydd o'r ffordd ma'r gêm wedi newid ers iddi droi'n broffesiynol. Mae chwaraewyr nawr yn cael eu pigo i garfan ac nid i fod yn aelod o'r tîm, ac mae rôl benodol i'r rhai sy'n cael eu dewis i chwarae oddi ar y fainc.

Ta beth, taflodd Franks ei hun ata i er mwyn fy nhaclo. Bwrodd fy ysgwydd yn gadarn gan roi eitha siglad i fi ac iddo fe. Lawr â fi ar ôl dadlwytho'r bêl. Mae Gatland yn gredwr cryf yn yr hyn ry'n ni'n ei alw yn 'belly-ball', sef dadlwytho'r bêl rhwng y coesau ar ôl tacl. Felly, â fy ysgwydd yn gwingo mewn poen, fe 'nes i rowlio drosodd a bwydo'r bêl 'nôl. 'Mlaen â'r chwarae a fi'n rhan ohono. Daeth y ffisio, Mark Davies, 'mlaen – 'Carcus' i ni'r chwaraewyr – a'r 'Proff', sef John Williams y doctor, yn dynn ar ei sodlau er mwyn trin rhywun arall. Wrth fynd heibio i fi, gofynnodd Mark Davies,

'Daf, beth sy'n bod ar dy ysgwydd di?'

Roedd e wedi sylwi o'r ystlys fod rhywbeth o'i le.

'Ma hi mewn yffach o bicil, Carcus.'

'Ti moyn dod off 'te?'

'Alla i ddim, Carcus, bydd rhaid i fi aros 'mlaen.'

O'n i'n gwbod bod pob eilydd o blith y blaenwyr ar y cae'n barod. Dim ond yr asgellwr Tom James a chyd-chwaraewr arall o dîm y Scarlets, y canolwr Jonathan Davies, oedd ar ôl ar y fainc. Felly doedd dim dewis 'da fi. Roedd yn rhaid dal i chwarae tan ddiwedd y gêm.

Profiad poenus, diflas a rhwystredig yw dal i chwarae ar ôl cael anaf. Doedd dim modd chwarae fel petai dim byd wedi digwydd, ond rhaid oedd cuddio wrth bawb y ffaith fod rhywbeth wedi digwydd hefyd. Felly 'mlaen â'r sioe. Daeth sgrym i Gymru a daeth Martyn Williams draw ata i.

'Do me a favour, take the open side for this scrum, my left shoulder's killing me!'

Doedd ganddo ddim syniad fod fy ysgwydd inne yn fy lladd i hefyd. Cael a chael oedd hi i Martyn chwarae yn y gêm honno o gwbwl oherwydd anaf i'w ysgwydd. Roedd wedi pasio prawf ffitrwydd ac fe wnaeth e chwarae yn y diwedd. Ond roedd treigl amser yn y gêm wedi gadael ei ôl arno, ac roedd e'n dechre gwegian, yn enwedig ar ôl cael ergyd ar yr ysgwydd wan yn ystod yr ail hanner.

'Ok, Martyn,' medde fi heb fawr o argyhoeddiad ond heb fawr ddim awydd i ddweud 'na' wrth chwaraewr mor brofiadol a dylanwadol chwaith.

Roeddwn yn gwbod y bydde pacio lawr yn y sgrym honno yn golygu poen aruthrol i fi oherwydd y byddwn i'n gwthio a chynnal pwyse'r sgrym ar yr ysgwydd dost. Ond roedd yn rhaid gwneud. Felly fe 'nes i sgrymio ar ochor Martyn o'r sgrym, ond gan ddiogelu fy ysgwydd yn y broses. Cydies yn y prop gan ddefnyddio'r fraich iach a chuddio'r un dost, heb wneud unrhyw gysylltiad â'r sgrym o gwbwl. Mae'n siŵr fod Martyn yn gwneud rhywbeth digon tebyg yr ochor arall.

Yn ddiweddarach yn y gêm, yn y lein holl bwysig honno yn agos at linell gais y Crysau Duon – y lein a ddaeth wedi i Stephen gicio'r gic gosb dros yr ystlys – doedd dim gobaith y gallwn i gystadlu yn ôl fy arfer. Fe 'nes i roi llaw y fraich oedd wedi'i hanafu i mewn yn fy shorts er mwyn ei chadw'n saff, a'i dal yno mewn safle oedd yn teimlo'n gysurus, a neidio gan ddefnyddio'r fraich arall yn y lein. Nhw enillodd y lein, fel y dwedes i eisoes, a nhw hefyd lwyddodd i ddal gafael ar y gêm yn y diwedd, wrth gwrs.

Wedi dod oddi ar y cae ar ddiwedd y gêm fe es yn syth am driniaeth. Aeth y chwaraewyr eraill i'r dde i'r stafelloedd newid yn Stadiwm y Mileniwm, ond fe es i i'r cyfeiriad arall at yr arbenigwyr oedd yn aros amdanon ni yn y ganolfan feddygol. Ar ddiwedd pob gêm ma digon ohonyn nhw 'na, ac fe es i'n syth at yr un fydde'n fodlon bwrw golwg ar fy ysgwydd. Doedd 'da fy nghyd-chwaraewyr ddim syniad 'mod i wedi cael anaf o gwbwl.

Doedd 'da Lynwen, fy ngwraig, ddim syniad chwaith. Bydde hi gyda fi ymhob gêm, ond y diwrnod hwnnw roedd hi mewn adeilad cwbwl wahanol a hynny oherwydd rhywbeth ddigwyddodd ddyddiau cyn y gêm yn erbyn y Crysau Duon.

Trwy gydol yr wythnos roeddwn i wedi bod gyda'r garfan yng ngwesty'r Vale. Wrth siarad â Lynwen ar y nos Fercher, dealles i fod Lili-Ela, ein plentyn ifanca, oedd yn flwydd oed ar y pryd, ddim yn teimlo'n dda iawn. Roedd hi wedi gwaethygu dros y dyddiau wedyn ac erbyn y prynhawn Gwener cyn y gêm daeth galwad ffôn i ddweud ei bod hi wedi gorfod mynd i mewn i'r ysbyty. Pan ddeffres i y diwrnod hwnnw ro'n i'n meddwl bod Jac y mab, oedd bron yn dair ar y pryd, yn yr ysgol feithrin a Lili-Ela gyda'i mam. Ond erbyn diwedd y prynhawn roedd Lili-Ela yn Ysbyty Glangwili a Jac lan gyda'i fam-gu yn Ffarmers.

Does dim byd ffurfiol yn digwydd ar y nos Wener cyn gêm felly doedd dim gobaith yn y byd y gallen i sefyllian o gwmpas yn y Vale a becso'n enaid am fy merch yn yr ysbyty a dim ond Lynwen yn gofalu amdani. Felly i mewn â fi i'r car a gyrru'n syth am Gaerfyrddin.

Cyn i fi gyrraedd Port Talbot, canodd y ffôn. Alan Phillips, rheolwr tîm Cymru, oedd yno.

'Daf, where are you? The drug testers have turned up and they want to test you!'

Doeddwn i ddim yn gallu credu'r peth! Mae'n rhaid gwneud y prawf ac mae gwrthod ei gymryd bron cynddrwg â'ch cael yn euog o gymryd cyffuriau sydd wedi eu gwahardd. Beth gallwn i wneud? Cymryd y gosb a chario 'mlaen i weld Lili-Ela neu droi'n ôl i gymryd y prawf a mynd i'w gweld hi'n hwyrach y noson honno? Esbonies y sefyllfa wrth Alan a, diolch byth, roedd e'n deall, ac felly 'mlaen â fi i'w gweld. Ces farc du yn erbyn fy enw am beidio â chymryd y prawf, ond chlywes i ddim gair pellach ganddyn nhw, a hynny siŵr o fod am eu bod wedi ystyried salwch fy merch.

Pan gyrhaeddes i Glangwili roedd yn dorcalonnus gweld plentyn mor fach a gwan wedi'i chysylltu wrth beiriannau. Daeth yn amlwg fod Lynwen wedi gorfod delio â phroblem llawer mwy difrifol nag oeddwn i wedi'i dychmygu yn ystod y dyddiau cynt. Ond, mewn rhyw ffordd ryfedd, roedd ymweld â Lili-Ela a gweld ei chyflwr yn ei gwneud hi'n haws delio â'r holl beth, yn hytrach na thrio deall y sefyllfa o bellter gwesty'r Vale. Eto i gyd, roedd yn dal yn dorcalonnus.

"Sdim un ffordd galla i chwarae fory os bydd Lili-Ela yn dal fel hyn,' medde fi wrth Lynwen. 'Dw i ishe bod 'da hi a 'da ti.'

Fel'na fuodd pethe am dipyn y noson honno, nes i ni benderfynu y byddwn i'n mynd 'nôl at y garfan, fel roedd disgwyl i fi wneud, a phetai Lili-Ela'n gwaethygu neu hyd yn oed petai yna ddim sôn ei bod am wella, yna fyddwn i ddim yn chwarae yn y gêm ond yn hytrach yn mynd 'nôl i'r ysbyty.

'Nôl â fi wedyn at y garfan a pharatoi fy hunan orau y gallwn i am y gêm y diwrnod wedyn.

Ar y bore Sadwrn ffoniodd Lynwen i ddweud bod Lili-Ela'n dangos arwyddion cynnar o wella. Dyna oedd y neges hefyd yn y galwadau pellach 'nes i'n gyson yn ystod y bore hwnnw, yn wir tan yn union cyn i ni fynd allan i'r cae i baratoi ar gyfer y gêm. Felly, chwarae'r gêm oedd y penderfyniad, gan deimlo'n fwy tawel fy meddwl bod fy merch yn cryfhau.

O'r ward yn yr ysbyty y gwyliodd Lynwen y gêm. Doedd ganddi hi ddim syniad o gwbwl 'mod i wedi cael anaf o unrhyw fath, heb sôn am un mor wael a fydde'n dod â fy ngyrfa i ben, gan nad oedd y chwarae wedi cael ei atal er mwyn i fi gael triniaeth o gwbwl.

'Ble ti'n mynd, Daf?' holodd sawl un o'r chwaraewyr wrth i fi droi i gyfeiriad y ganolfan feddygol o dan stand enfawr y stadiwm.

Roedd yn rhaid i rywun gael golwg ar yr ysgwydd a gwyddwn fod y Proff yno yn ogystal â Richard Evans, yr arbenigwr ysgwyddau.

'Tyn dy grys bant, Daf,' medde fe wrtha i.

Wedi imi wneud hynny roedd y niwed yn amlwg. Roedd stepen yng nghymal A/C yr ysgwydd ac roedd yn un cwbwl amlwg heb fod angen pelydr-x i gadarnhau hynny. Roedd modfedd a mwy o wahaniaeth rhwng y rhan ucha a'r rhan isa pan ddylen nhw fod yn hollol ar yr un lefel. Toriad gradd 4. Yr un gwaetha posib.

'Dere mewn dydd Llun am lawdriniaeth,' meddai Richard Evans yn syth wrtha i.

O'n i'n gwbod bod rhywbeth gwael wedi digwydd ond roedd clywed hynny gan y ffisio, y Proff ac yna gan Richard Evans yn eitha siglad a dweud y gwir. Roedd yn deimlad rhyfedd a'r ofnau'n troi rownd yn fy mhen tra ceisiwn ar yr un pryd argyhoeddi fy hunan y bydde fe yn gwella yn y diwedd. Pan y'ch chi'n wynebu anaf fel'na mae teimladau cryfion yn tynnu arnoch chi o ddau gyfeiriad cwbwl wahanol.

Fe es i 'nôl gyda'r garfan i westy'r Vale a dyna lle gwnaethon nhw ddeall bod gen i anaf a hwnnw'n anaf difrifol. Doedden nhw ddim wedi bod yn ymwybodol o hynny yn ystod y cyfnod pan o'n i'n chwarae. Fe aeth y garfan i gyd lan i'r clwb golff gyda'r nos i gael bwyd, ymlacio a chael ambell beint. Doedd hi ddim yn noson fawr am taw gêm y Crysau Duon oedd gêm gynta cyfres yr hydref y flwyddyn honno. Ac i fi, doedd fy meddwl i ddim ar unrhyw beth ond yr hyn fydde'r sgan yn ei ddangos yn y bore a gofidio pa mor wael fydde'r anaf mewn gwirionedd. Ond fe wnaeth ymlacio gyda'r bois lot o les i fi.

Doedd neb chwaith yn gwbod am Lili-Ela, ac roedd cysylltu cyson 'nôl a 'mlaen i wbod sut oedd hi yn dal ar fy meddwl. Roedd yn rhaid i fi aros yno mewn gwirionedd er mwyn cael y sgan y bore wedyn, ond roedd fy meddwl mewn man gwahanol, rhyw drigain milltir i'r gorllewin. Noson ryfedd ac anghysurus iawn oedd y noson honno wrth i fi fecso cryn dipyn am fy ysgwydd ac am fy merch, Lili-Ela.

* * *

Mewn â fi am sgan y peth cynta ar y bore Sul ar ôl y gêm, ac erbyn y noson honno roedd y ffôn yn canu.

'Mae mor wael ag o'n i'n meddwl,' meddai Richard Evans. 'Dere mewn yn y bore i ni gael gwneud y llawdriniaeth i ailosod y cymal.'

Bydde hynny'n digwydd yn yr un lle ag y ces i'r sgan, sef ysbyty preifat Spire yng Nghaerdydd. Roedd fy ngobeithion, ac yn wir fy uchelgais, wedi'u chwalu'n llwyr. Roedd hwn i fod yn fis arbennig i fi gan fod pedair gêm i'w chwarae yn erbyn goreuon y byd. Fe ddes i ar y cae yn y gêm gynta un ac roedd fy ngobeithion yn uchel am gael chwarae yn y lleill hefyd. Mewn dwy o'r tair gêm i'r Scarlets cyn gêm y Crysau Duon roeddwn i wedi cael y fraint o fod yn seren y gêm. Roeddwn ar dân a Gatland wedi dweud hynny wrtha i. Bydde fe wedi fy newis i ddechre mewn un os nad mwy o weddill gêmau'r hydref, gan ddechre gyda'r gêm yn erbyn Samoa yr wythnos ganlynol. Allai bywyd ddim bod yn llawer gwell na hynny. Ond nid gyda charfan Cymru y byddwn i ar ddechre'r wythnos yn dilyn y gêm yn erbyn y Crysau Duon. Byddwn i o dan y gyllell. Roedd ceisio derbyn y siom yna'n fwy o broblem na delio â'r anaf corfforol wnaeth greu'r sefyllfa yn y lle cynta.

Cartre digon isel ei ysbryd oedd ein tŷ ni yn ystod y dyddiau hynny. Daeth Lili-Ela mas o'r ysbyty ond roedd hi'n dal angen gofal wrth gwrs. Roedd 'da fi ysgwydd dost a Lynwen oedd yr un a gariodd y baich. Daliai Jac i fod yn grwt direidus yng nghanol y cyfan, a heb yn wbod iddo, fe oedd yr un fydde'n codi ein hysbryd ni!

Deuddeg wythnos oedd y cyfnod roeddwn i'n disgwyl ei gymryd i wella cyn cael ailddechre chwarae. Wedi'r llawdriniaeth doedd dim rheswm i feddwl na fydde hynny'n digwydd gan fod popeth yn teimlo'n lot gwell. 'Mlaen â fi i wneud yr ymarferion cryfhau ac adfer wedyn, a phwy a wydde, falle byddwn i 'nôl yn ffit i gael fy ystyried ar gyfer diwedd cystadleuaeth y Chwe Gwlad yn 2010 o leia. Fe 'nes i dreulio oriau yn gwneud yr ymarferion roedd angen eu gwneud er mwyn adennill fy nghryfder a'n ffitrwydd, gan weithio ar gynllun pendant o dan hyfforddiant tîm ffitrwydd y Scarlets.

Ond daeth yn amlwg nad oedd yr ysgwydd yn cryfhau o gwbwl er yr holl ymarfer. Doedd dim amdani ond mynd 'nôl at yr arbenigwr a gofyn am gyngor pellach. Y tro 'ma roedd angen cael chwistrelliad o hylif i mewn i'r ysgwydd cyn cael y sgan. Bydde'r sgan yn gallu gweld wedyn i ble roedd yr hylif yn mynd drwy'r ysgwydd a bydde'n dangos beth oedd o'i le. Ymhen dim, daeth y canlyniad.

'Mae dy ysgwydd di'n yfflon a dweud y gwir, Daf,' meddai Richard Evans, a chryn syndod yn ei lais wrth iddo ddweud wrtha i. Mae'n amlwg nad oedd e'n gallu credu yr hyn roedd y sgan wedi'i ddangos iddo. 'Ma lot o ddifrod i'r nerfau. Ma'r labrwm wedi rhwygo, mae un cyhyr wedi dod yn rhydd ar gefn dy ysgwydd a dim ond 32% ohono sy'n dal ynghlwm ac ma'r *subscap* yn rhydd hefyd. Ma dy ysgwydd di wedi rhyddhau yn sylweddol, Daf.'

Clywes i hyn ddiwedd mis Ebrill 2010. Roedd y Chwe Gwlad wedi bod, roedd tymor y rhanbarthau ar ben ac fe allen i ddweud ffarwél wrth y syniad o fynd ar daith Cymru i Seland Newydd dros yr haf am nad oeddwn i wedi chwarae yr un gêm o rygbi. Gwella oedd y nod i fi nawr, er mwyn cael ailddechre chwarae yn y tymor newydd. Doedd dim amheuaeth gen i y bydde hynny'n digwydd, er gwaetha'r problemau yn y broses o wella hyd yn hyn. Y cam nesa oedd cael llawdriniaeth arall.

Ond doeddwn i ddim ishe hynny. 'No way,' medde fi wrth Richard Evans pan es i lawr i drafod y peth gyda fe yng Nghaerdydd. A fel'na arhosodd pethe am gyfnod. Ffisio Cymru, Mark Davies, lwyddodd i 'mherswadio i.

'Gwranda boi, os oes 'da ti unrhyw uchelgais i fynd gyda tîm Cymru i Gwpan y Byd yn 2011, yna does dim dewis 'da ti. 'Na'r unig ffordd y bydd 'da ti unrhyw obaith o gael mynd.'

Fe 'nes i wrando arno fe. 'Nôl â fi i'r Spire er mwyn ail-greu'r ysgwydd i gyd y tro yma, nid cymal yr A/C yn unig. Y funud roedd hynny drosodd, es i'n ôl at yr un patrwm o wella a chryfhau. 'Rehab' oedd gair mawr y misoedd nesa, fel roedd e wedi bod yn ystod y misoedd cynt. Yn anffodus, yr un oedd y canlyniad yn dilyn gwaith caled yn ystod yr haf wedi'r ail lawdriniaeth ag a fu wedi gwaith caled y gaeaf yn dilyn y llawdriniaeth gynta. Doedd fy ysgwydd i ddim yn gwella dim. Roedd y stori ar led y byddwn i 'nôl yn chwarae i'r Scarlets erbyn dechre Tachwedd, ond gwyddwn fod hynny yn llai sicr erbyn hyn gan nad oedd yr ysgwydd yn cryfhau o gwbwl. Roedd e'n deimlad rhyfedd iawn i fi ar y pryd gan 'mod i'n teimlo bod yr ysgwydd dipyn yn fwy o ran maint nag oedd hi mewn gwirionedd a hynny'n effeithio ar fy nefnydd ohoni. Roeddwn hefyd yn ymwybodol iawn o'r ffaith fod yna ddifrod yn dal yno tu mewn i'r ysgwydd.

Dangosodd ymchwiliad pellach fod difrod sylweddol i'r nerfau yn yr ysgwydd. Doeddwn i ddim yn hapus o gwbwl wrth glywed hynny. Pan ddaeth hyn i gyd i'r amlwg cododd sawl cwestiwn newydd yn y meddwl. Yn gynta, teimlwn yn rhwystredig gan na chawn atebion gan y rhai a ddyle fod yn gallu eu cynnig nhw i fi. Fe ges i'r teimlad fod pawb a fu'n ymwneud â fi drwy gydol yr anaf ddim yn siŵr beth ar y ddaear i'w ddweud nesa a doeddwn i ddim yn cael atebion i'r cwestiynau ro'n i'n eu gofyn. Ro'n i wedi cael digon o brofiadau i sylweddoli ei bod hi'n anodd delio â newyddion drwg. Nawr roedd yn rhaid wynebu'r ffaith fod tawelwch yn rhywbeth yr un mor anodd i'w dderbyn, ac yn fwy rhwystredig o lawer. Beth oedd yn digwydd? Beth yn union oedd y sefyllfa? Beth fydde'r cam nesa? Tawelwch.

Erbyn hyn hefyd, roedd pobl wedi dechre holi mwy o gwestiynau i fi. Y cefnogwyr, cyd-chwaraewyr, y teulu a ffrindie. Diddordeb oedd wrth wraidd yr holl holi, dw i'n deall hynny'n iawn. Ond roedd gorfod ateb cwestiynau fel 'Beth sy'n bod 'te, Daf?' a 'Pryd fyddi di 'nôl yn chwarae, Daf?' yn profi'n anodd iawn am nad oedd gen i ateb. Roedd pob cwestiwn yn neud e'n fwy ac yn fwy amlwg i fi nad oedd ateb 'da fi iddyn nhw. Ond roedd yn rhaid jocan bod 'da fi ateb. Fe ddes yn fishtir ar roi atebion nad oedden nhw'n dweud dim byd mewn gwirionedd.

'Bydda i 'nôl mewn rhyw chwech i wyth wythnos' oedd yr ateb mwya cyffredin, yn enwedig wedi i'r tymor ailddechre ym mis Medi. Doedd dweud 'Sai'n gwbod' ddim yn opsiwn. Daeth prif hyfforddwr y Scarlets, Nigel Davies, ata i tua'r adeg yna er mwyn cael syniad sut roedd pethe'n siapo. Cafodd e'r un ateb â phawb arall.

'Chwech i wyth wythnos, Nige.'

'Ma Pat yn meddwl falle bydd e tamed bach yn hirach na hynny.'

Falle wir, ond doeddwn i ddim yn fodlon, yn wir ddim yn gallu, ystyried y posibilrwydd hwnnw. Chwech i wyth wythnos oedd y mantra oedd yn fy nghadw i'n weddol bositif ac yn osgoi unrhyw iselder. Felly dyna oedd yr ateb i bawb, gan gynnwys Nigel Davies.

Ar ben hyn oll, yn troi yn fy meddwl i roedd y ffaith nad oeddwn i wedi chwarae i glwb y Scarlets am bron i flwyddyn ond eto i gyd roeddwn yn dal i fod yn aelod o'u carfan. Roeddwn yn derbyn bod Undeb Rygbi Cymru yn cyfrannu at fy nghyflog gan i'r anaf ddigwydd yn un o'u gêmau nhw. Ond nid dyna'r pwynt. Roeddwn yn aelod o sgwad y Scarlets fel y byddwn ar gael i chwarae rygbi, ac roedd methu â gwneud hynny'n pwyso ar fy meddwl. Doeddwn i ddim am gymryd mantais ar y clwb trwy ishte 'nôl a chael fy nhalu am wneud dim, er nad ydy hynny yn agwedd gwbwl ddieithr i ambell chwaraewr rygbi wedi iddo gael ei anafu.

Erbyn canol mis Hydref roeddwn i wedi cael llond bola ar y sefyllfa. Mewn â fi at Pat, ffisio'r Scarlets. Roeddwn wedi troi ato droeon yn ystod y misoedd hir wrth imi geisio gwella ac roedd wedi clywed fy ofnau a'm hamheuon dyfna.

'Pat, dw i wedi cael digon. Ma'n rhaid sorto hwn mas nawr! Fi wedi gwneud tamed bach o waith ymchwil a dw i'n gwbod mai'r boi gore ym Mhrydain i'r fath 'ma o anaf yw Dr Fox yn Ysbyty Wellington, St John's Wood, Llunden. Oes gobaith 'da fi fynd i'w weld e?'

Roeddwn yn fodlon talu am ymgynghoriad fy hunan pe bydde hynny'n ateb yr holl gwestiynau. Atebion roeddwn i ishe erbyn hyn, er budd fy iechyd a fy lles i fy hunan ac nid dim ond er mwyn cael gwbod a fydde gobaith 'da fi i chwarae rygbi eto.

Addawodd Pat fynd i ofyn barn y clwb. Daeth ateb oddi wrthyn nhw ymhen rhyw wythnos. Roedden nhw'n fodlon ariannu'r ymgynghoriad gyda Dr Fox. Newyddion gwych o'r diwedd!

Lan â Pat a fi a chael sgwrs hir a manwl gydag e. Roedd am glywed yr holl fanylion o'r dechre i'r diwedd. Roedd hynny'n galondid yn ei hunan. Fe roiodd e brawf pin i fi, sef gwthio pin i mewn i 'mraich o'r ysgwydd lawr. Doeddwn i ddim yn gallu teimlo dim byd ar y pryd yn yr ysgwydd na'r fraich chwith, a dw i'n dal ddim yn gallu teimlo blaen pin ar fy ysgwydd nac ar hyd fy mraich hyd heddi.

Roedd pob sylw a wnaed gan Dr Fox yn ystod y sesiwn ymgynghori honno yn ymateb yn uniongyrchol i sut roeddwn i'n teimlo. Doeddwn i ddim wedi cael ymateb fel'na erioed o'r blaen gan unrhyw arbenigwr. Pa sylw bynnag fyddwn i'n ei wneud ynglŷn â'r ffordd roeddwn i'n teimlo, bydde fe'n ymhelaethu ar hynny gan ddarlunio fy mhrofiadau i'n union. Ond doedd y dadansoddi ddim yn cynnig unrhyw oleuni.

Fe adawes i Lundain yn gwbwl ddigalon. Doedd dim modd i fi deimlo'n is fy ysbryd.

'There's no way back from this, Pat, there's just no way back.'

Dyna i gyd oedd gen i i'w ddweud wrth Pat yn y trên ar y ffordd 'nôl. Mae'n syndod sut roedd ysgwydd yn gallu troi'n brif destun sgwrs tair awr a mwy o siwrne ar y trên. Ond fel 'na roedd pethe. Dyna i gyd oedd yn mynd trwy fy meddwl i, a Pat yn gwrando'n arbennig o dda. Roedd dehongliad Dr Fox o'r sefyllfa yn swnio'n gwbwl glir i fi a doedd e ddim yn cynnig fawr ddim gobaith.

Fe aeth Pat a fi 'nôl i'w weld e ymhen rhai wythnosau. Roedd am i fi gymryd profion *thermal threshold* ac fe 'nes hynny yn Ysbyty Hammersmith. Dangosodd y profion hynny fod 'gwres' yr ysgwydd dde'n union fel y dyle fod ond doedd fawr ddim ymateb yn yr un chwith. Draw â ni wedyn i weld Dr Fox unwaith eto yn ei glinic. Ar sail y profion yn Hammersmith a'i ddadansoddiad fe ei hun yn ystod yr wythnosau cyn hynny, roedd e am wneud llawdriniaeth bellach am fod y nerfau yn y fath gyflwr.

'Bydd yn rhaid i fi dy agor di o waelod y gwddwg i lawr hyd at y *bicep*,' meddai wrtha i'n ddigon clir a chlinigol. 'O 'mhrofiad i, mae'r drwg mwy na thebyg yn y ffrynt er na alla i gadarnhau hynny gant y cant. Os nad dyna ydy'r sefyllfa, fe fydd yn rhaid i fi wneud yr un peth yn y cefn, i lawr at y *tricep*.'

Roedd fy nghalon yn suddo'n is ac yn is wrth ishte a gwrando arno fe. Roedd hi'n amlwg nad oedd y llawdriniaeth yn un mor fawr â hynny iddo fe. Ei waith e fel arfer oedd ail-greu breichiau ac ysgwyddau wedi damweiniau erchyll pan fydde angen gwau nerfau yn ôl i'w lle fesul un yn aml. Felly doeddwn i ddim yn cwestiynu ei allu e. Ond ai dyna oedd ei angen arna i? Fe es i lan i'w weld e ar fy mhen fy hun wedyn er mwyn cael trafod popeth yn fanwl gyda fe. Doedd dim dowt bod gen i ddigon o wybodaeth erbyn hynny. Roedd y manylion i gyd wedi cael eu gosod o'm blaen yn ddigon clir a gofalus gan Dr Fox. Y dewisiadau oedd yn fy wynebu oedd hyn: cael llawdriniaeth arall; canolbwyntio ar *rehab* pellach fel 'nes i yn ystod y flwyddyn flaenorol; neu'r opsiwn gwaetha – dod â'r chwarae i ben.

Roedd yn rhaid trafod pob opsiwn yn fanwl unwaith eto gyda chymaint o bobl. Rhwng pob taith i Lundain, buodd trafod manwl ac oriau o bwyso a mesur ar fy rhan i pan oeddwn ar fy mhen fy hun.

Roedd hi mor rhwydd drysu. Dw i ddim yn gwbod sawl sgwrs ges i gyda Mark Davies, Proff a Pat, heb sôn am drafod gyda Lynwen. Roedd hi wedi bod yn gefn solet i fi drwy'r holl gyfnod yn fwy na neb arall. Hi fydde'n clywed yr ofnau gwaetha a'r ansicrwydd mwya. Hi oedd â'r gofal drosta i fel person ac nid fel chwaraewr rygbi proffesiynol. Roedd dechre Tachwedd yn agosáu, flwyddyn ers yr anaf a finne heb gydio mewn pêl rygbi. I chwaraewr rygbi proffesiynol mae hynny'n pwyso ar y meddwl. Trwy'r cyfan, doedd dim un o'r arbenigwyr meddygol yn gallu sicrhau y bydde triniaeth bellach yn gwella digon ar y sefyllfa i ganiatáu i fi fod yn ôl ar gae rygbi yn chwarae unwaith eto. Doedd Dr Fox ddim yn gallu addo hynny. Dweud ei fod yn fodlon trio roedd e, er mwyn cynnig gobaith.

Yng nghanol hyn i gyd daeth cyngor gan ambell un oedd yn creu mwy o ben tost hyd yn oed. Roedd fy nghytundeb gyda'r Scarlets yn dod i ben ar ddiwedd tymor 2010/11. Y cyngor ges i oedd canolbwyntio ar *rehab* yn unig tan y bydde fy nghytundeb yn dod i ben. Hynny yw, derbyn y sefyllfa a chymryd yr arian gan y clwb heb anelu at geisio chwarae byth eto. Ond 'nes i mo hynny. Faint bynnag o benbleth roeddwn i ynddi, doedd gwneud y fath beth ddim yn opsiwn i fi'n bersonol.

Yn ogystal â'r holl gyngor meddygol yng Nghaerdydd a Llundain, ces gyngor gan wahanol aelodau o'r clwb yn Llanelli a ches gyngor a chefnogaeth gan eraill a wnaeth fwy nag unrhyw beth i'm helpu i ddeall a derbyn y sefyllfa.

Bydde Carcus yn galw'n aml yn y tŷ i roi'r *rehab*

angenrheidiol i fi. Ond trodd y galwadau yn alwadau ymgynghori hefyd. Bu Carcus, Lynwen a fi yn ishte am oriau rownd y ford yn y gegin yn trafod a thrafod. Roedd e'n awyddus fod Lynwen yn deall yr hyn oedd yn digwydd. Ond yn fwy na dim, falle, roedd yn trio'i orau i 'nghael i i dderbyn y sefyllfa ro'n i ynddi. Ond ro'n i'n ei chael hi'n anodd wynebu'r posibilrwydd fod diwedd fy ngyrfa fel chwaraewr proffesiynol yn agosáu.

Yna cawn sgyrsiau pellach gyda Dr Fox a'r rheiny'n cadarnhau gwedd feddygol y sefyllfa. Bydde'n rhaid i fi dderbyn yr ochor feddygol ac roedd hynny, mewn gwirionedd, yn rhywbeth na allwn ei reoli. Roedd yn rhaid wynebu realiti nawr. Y realiti hwnnw nad oeddwn i wedi breuddwydio amdano wrth gerdded oddi ar y cae wedi gêm y Crysau Duon, y realiti na feddylies amdano wedi'r llawdriniaeth gynta nac hyd yn oed wedi'r ail. Draw â fi felly i gael sgwrs arall gyda'r Proff yn Ysbyty'r Brifysgol, Caerdydd. O'r diwedd fe ddaeth y geiriau o 'ngheg i.

'Proff, it's Amen, I think. This is it.'

Derbyniodd fy mhenderfyniad ac fe wnaeth y datganiad swyddogol wedyn nad oeddwn i'n ffit i chwarae. Aeth y gwaith papur at Undeb Rygbi Cymru. A dyna ni.

Cysylltes â Dr Fox er mwyn dweud wrtho beth oedd fy mhenderfyniad ac i ddiolch iddo am ei arbenigedd a'i help. Ces i lythyr hyfryd iawn yn ôl ganddo. Esboniodd yn fanwl beth fydde fe wedi'i wneud petawn i wedi dewis cael llawdriniaeth bellach, ond fe glodd y cyfan trwy ddweud i fi wneud penderfyniad doeth iawn. Roedd hynny'n gysur mawr.

Yn y llythyr hefyd, rhoddodd ei farn am yr holl sefyllfa. Doedd e ddim yn gallu gweld sut y bydde'r ergyd ges i yn y dacl yn ystod y gêm wedi gallu creu'r fath ddifrod i'r ysgwydd. Yn hytrach, ei farn e oedd taw cael llawdriniaeth yn rhy glou wedi'r anaf, ar y dydd Llun wedi'r gêm, oedd y camgymeriad. Awgrym oedd hynny. Barn un dyn. Rhaid oedd ei ystyried a'i dderbyn yn y goleuni hwnnw. Ond dyna oedd barn yr arbenigwr gorau yn y maes trwy wledydd Prydain. Mae'n un o'r sylwadau hynny sy'n codi'r cwestiwn 'Beth os...?' yng nghefn y meddwl o bryd i'w gilydd, ond ddim hanner mor aml nawr ag yr oedd e yn union wedi imi dderbyn y llythyr.

Doedd dim pwynt gadael i'r fath sylw gorddi'r teimladau. Gwastraff amser fydde hynny. Rhaid fydde codi uwchben hynny nawr a bwrw 'mlaen gyda 'mywyd gan fwynhau edrych yn ôl ar yr hyn y llwyddes i'w gyflawni yn ystod fy ngyrfa yn chwarae rygbi. Bydde hi'n daith hir ac anodd, mae'n siŵr, ond dyna'r unig ateb.

# 3

# Y Gic Gynta

MAE'N BETH OD i'w ddweud, ond dw i ddim yn gwbod ble ar y ddaear y byddwn i wedi cyrraedd yn y byd rygbi pe na bai fy rhieni wedi cael ysgariad. A minne'n 11 oed ar y pryd, mae'n ddigon posib y bydde pethe'n go wahanol petai hynny ddim wedi digwydd.

Alla i ddim dweud bod y gwahanu wedi achosi trawma aruthrol i fi. Wrth gwrs 'mod i wedi cael siglad ac roedd yn rhaid dod i delerau ag e, yn enwedig gan iddo ddigwydd yn yr oedran pan oeddwn yn newid ac yn tyfu i fod yn grwt ifanc. Cyn hynny, roedd Mam, Dad, fi a fy nwy chwaer, Carys a Cerian, yn byw mewn tŷ capel ac ynddo ddwy stafell wely. Mam fydde'n glanhau'r capel a Dad yn torri porfa ac yn cadw llygad ar yr adeilad. Contractiwr oedd Dad, yn gweithio ar y peiriannau mawr diwydiannol, tra bod Mam yn gynorthwyydd dysgu yn Ysgol Gynradd Llanarth. Adeiladodd Dad fyngalo lle buon ni'n byw am ryw dair blynedd, cyn i fi a'n chwiorydd symud i fyw gyda Mam i dŷ ym mhen arall pentre Llanarth.

Roedd hynny yn yr haf cyn i fi symud i'r ysgol fawr,

Ysgol Aberaeron. Y peth gwaetha am y gwahanu yn ystod y misoedd cynnar oedd bod y plant eraill yn fy mhoeni i. Doedd cadw cysylltiad a mynd i weld Dad ddim yn creu unrhyw drafferth. Ond roedd Carys fy chwaer, sydd flwyddyn yn hŷn na fi, wedi bod yn mynd i Ysgol Aberaeron am flwyddyn cyn i'n rhieni wahanu ac felly roedd yn rhaid iddi hi ddal y bws ysgol ym mhen arall y pentre. Er 'mod i'n dal y bws am y tro cynta fe ges i yr un cwestiynau â fy chwaer.

'Pam 'yt ti'n dal y bws fan hyn 'te?'

'Draw fan'na ym mhen arall y pentre rwyt ti'n byw, nege fe?'

'Beth ti'n neud fan hyn?'

'Mlaen a 'mlaen yr aeth yr holi. Mewn pentre bach, does dim lle i gwato o gwbwl. Fe chwaraeodd hynny ar fy meddyliau am gyfnod, ac roedd yn rhaid ateb y cwestiynau, wrth gwrs. Anodd deall pam y cafodd hynny gymaint o effaith arna i, ond rhaid cyfadde iddo effeithio arna i. Yr hyn a fuodd o gymorth i fi ddod drosto i raddau helaeth, ac yn help i fi anghofio'r pethe negyddol, oedd chwarae gyda'r bois. Roedd bywyd bachgen 11 oed yn ddigon normal ar y cae chwarae.

Roedd yr haf hwnnw yn haf o newidiadau, yn sicr. Doeddwn i ddim yn gwbod ar y pryd, ond roedd newid arall o 'mlaen i hefyd, sef darganfod gêm newydd sbon. Pêl-droed oedd popeth i fi ers pan o'n i'n grwt bach iawn, cyn i fi symud i'r ysgol gyfun. Roedd byw mewn pentre fel Llanarth yn golygu ein bod ni'r bois i gyd yn nabod ein gilydd ac yn treulio oriau mas yn yr awyr iach. Ac wrth gwrs, roedd bois o bob oedran yn cymysgu, rhai yn ifancach ac eraill yn hŷn na fi. Fe wnaeth hynny dalu ar ei ganfed gan i mi chwarae i dimau gyda bois oedd flwyddyn yn hŷn na fi bron yn ddieithriad yn yr ysgol gynradd ac yn yr ysgol gyfun.

Roedd pêl-droed yn rhan fawr a phwysig o'n bywyd ni fois y pentre. Wedi i fi ddechre yn yr ysgol fach, roedd pêl-droed yn holl bwysig. Dyna oedd diddordeb mawr y prifathro, Geraint Hughes, ac roedd e'n neud mwy na jyst gadael i ni chwarae'r gêm yn ystod amser chwarae. Trefnai gêmau i ni yn erbyn ysgolion eraill ac roedd hynny yn ffordd grêt i wella ein sgiliau chwarae pêl-droed ar iard yr ysgol.

Doedd gen i, yn llythrennol, ddim syniad am rygbi yn nyddiau'r ysgol gynradd; fyddwn i ddim hyd yn oed yn gwylio'r gêmau ar y teledu. Es i ddim i weld gêm rygbi'n fyw tan fy mlwyddyn ola yn yr ysgol gynradd pan aeth Mam a fy wncwl â fi lawr i Gaerdydd i weld Cymru'n chwarae yn erbyn Ffrainc. Dw i'n cofio mynd, odw, ond alla i ddim dweud bod y profiad wedi newid fy mywyd mewn unrhyw ffordd.

Fe ddes i'n gapten tîm pêl-droed yr ysgol gynradd, ac yn eitha clou wedi hynny fe ymunes i â thîm y Cosmos yng Ngheinewydd a chwarae i dîm Ceredigion hefyd. Ro'n i eisoes yn chwarae mewn tîm oedd flwyddyn yn hŷn na fi, a chyn diwedd yr ysgol gynradd roeddwn i hefyd mewn dosbarth gyda phlant oedd flwyddyn yn hŷn. Gan fod lot mwy o blant yn nosbarth fy mlwyddyn i nag oedd yn nosbarth Carys, a hithau flwyddyn yn hŷn, fe wnaeth y prifathro benderfynu symud rhai ohonon ni'r bechgyn o 'nosbarth i i'w dosbarth hi a dewis y pedwar mwya disglair i'w symud. Am ryw reswm rhyfedd roeddwn i'n un o'r pedwar! Felly fe ges i ddwy flynedd yn nosbarth ola'r ysgol gynradd. Trueni na 'nes i ddangos yr un disgleirdeb yn yr ysgol fawr!

Mae'n siŵr taw uchafbwynt y cyfnod gyda thîm Ceredigion, os nad uchafbwynt y cyfnod pêl-droed ar ei hyd, oedd cymryd rhan yng Nghystadleuaeth Bêl-droed Ian Rush. Câi'r gystadleuaeth ei chynnal yn Aberystwyth ac roedd timau yno o sawl gwlad drwy'r byd. Fe wnaethon ni'n dda iawn. Roedd ein *coach* ni ar y pryd yn gwbod sut oedd ein sbarduno ni. Fe ddwedodd y bydde gwobr o £100 i'r chwaraewr gorau o blith ein tîm ni. Am abwyd! Roedd hynny'n golygu lot fawr i grwt ysgol.

Ond roedd gwell abwyd na hynny hyd yn oed ganddo fe hefyd. Daeth aton ni a dweud bod sgowts rhai o dimau'r uwch-gynghrair yn Lloegr yn dod i wylio'r gystadleuaeth. Wel, sôn am lenwi meddwl plentyn â breuddwydion! Fe 'nes i chwarae fel 'se dim fory yn bod, a hynny ym mhob gêm yn ystod yr wythnos honno. Do, aeth popeth yn grêt i fi ac i'r tîm.

Yn y ffeinal roedden ni'n chwarae yn erbyn tîm o'r Unol Daleithiau ac fe ges i eitha siglad yn y gêm. Roedd boi mawr iawn yn chwarae i'w tîm nhw, boi anferth a dweud y gwir, anferth a thrwsgwl. Daeth e ata i a'r bêl wrth ei draed ac fe 'nes i ei daclo fe'n eitha cadarn. Lawr â fe fel sach o dato a chwympo'n lletchwith. Roedd yn amlwg ei fod e wedi cael anaf eitha cas ac roedd e'n gorwedd yn swp ar y llawr. Bu'n rhaid galw ambiwlans i ddod i'w 'nôl e. Fe wnaeth hynny ypsetio fi'n lân, ma'n rhaid dweud. Fe sbwyliodd e'r gêm i fi ac roeddwn i wedi siomi'n llwyr i feddwl bod gen i ran yn y ddamwain, er nad oedd dim bai arna i o gwbwl.

Ddaeth dim byd o bresenoldeb y sgowts yn anffodus – chlywes i ddim gair o gwbwl ganddyn nhw. Ond roedd yna un cysur eitha mawr, sef taw fi enillodd wobr chwaraewr gorau'r gystadleuaeth. Roedd hynny'n deimlad braf. Ches i mo'r £100 gan y *coach* chwaith, ond dw i'n dal i aros!

Roedd rheiny'n ddyddiau da, ac aeth y tîm i chwarae mewn cystadlaethau yn Ffrainc ac Iwerddon. Does dim dwywaith bod pobl yn gwbod am dîm bechgyn Ceinewydd yn y byd pêl-droed yn y cyfnod hwnnw. Ond mae hynny'n codi cwestiwn. Pam na ddaeth llwyddiant pellach ac uwch i unrhyw unigolyn yn y tîm?

Mae un rheswm amlwg dros hynny. Fe drodd bron pob un ohonon ni i chwarae rygbi yn y blynyddoedd ar ôl gadael y tîm. Pam hynny tybed? Mae'n siŵr bod gan bob unigolyn ei stori ei hun, gan gynnwys fi wrth gwrs, ac fe ddown ni at hynny yn y man. Ond mae'n codi un cwestiwn cyffredinol. Does dim un seren bêl-droed wedi ei eni yng Ngheredigion, dim un wedi llwyddo ar y lefel ucha. Rhaid cofio bod pellter mawr o Geredigion i ardaloedd sy'n gallu datblygu'r dalent sydd gan chwaraewr unigol. Ac ma hynny'n drueni mawr, achos nid prinder talent ifanc yw'r broblem.

Yn anffodus, mae'r un peth yn wir am rygbi hefyd, er nad ydyw mor wir gan fod ambell eithriad ym myd rygbi – mae chwaraewyr unigol fel Wayne Proctor wedi chwarae i'r tîm rhyngwladol. Ond ma cymaint o fois eraill a allai fod wedi chwarae ar lefel lot yn uwch nag y gwnaethon nhw. Mae'r un rheswm wedi atal eu datblygiad, sef y ffaith eu bod nhw'n byw ymhell o'r canolfannau a allai gynnig yr hyfforddiant iddyn nhw godi lefel eu sgiliau i dir uwch.

Galla i feddwl am sawl chwaraewr dw i wedi bod yn yr un tîm â nhw neu wedi chwarae yn eu herbyn a allai fod wedi cyrraedd y safonau uchaf ym myd rygbi. Bydde ambell un yn dod lawr gyda fi yn y car i Lanelli pan âi Mam â fi i'r ymarfer ganol wythnos. Cafodd un ohonyn nhw, Gavin Perry, gêm i'r tîm ieuenctid yn yr ail reng. Boi tal iawn, ac ar ôl y gêm daeth y *coach* ato fe a gofyn iddo oedd e wedi chwarae pêl-fasged erioed gan iddo ennill popeth yn y lein yn y gêm honno. Ond dyna'r gêm ddiwetha iddo'i chwarae dros Lanelli gan nad aeth e lawr yno byth wedyn. Roedd bywyd y fferm a'r godro wedi cymryd drosodd a doedd e ddim yn credu bod modd cyfuno ffarmo a chwarae.

Mae un chwaraewr, Dylan Evans, yn aros yn y cof yn fwy na neb – maswr arbennig o dalentog gyda throed chwith anhygoel. Bydde fe wedi cymryd ei le yn nhîm cynta'r Scarlets a Chymru, dw i'n gwbwl siŵr. Roedd ganddo dalent brin. Ond doedd ei deulu ddim yn fodlon iddo fynd lawr i Lanelli i ymarfer ddwywaith ganol wythnos a theithio yno wedyn ar gyfer y gêm ar y penwythnos. Ac fel 'na buodd hi. Chafodd Llanelli ddim cyfle i weld pa mor dalentog oedd e.

A dyna ble mae'n rhaid i fi ddiolch i'n rhieni i. Fydde dim gobaith i fi fod wedi datblygu fel chwaraewr rhyngwladol pe na bai fy mam a 'nhad wedi bod yn fodlon mynd â fi yr holl ffordd o Lanarth lawr i Lanelli sawl gwaith yr wythnos pan o'n i'n grwt ysgol. Dw i'n derbyn yn llwyr bod pawb yn cael eu magu'n wahanol ac mae hynny'n iawn, wrth gwrs. Ond roedd e'n mynd ar fy nerfau i bryd hynny pan fyddwn yn clywed rhieni'n dweud wrth eu meibion nad oedd unrhyw obaith iddyn nhw fynd ymhellach yn y byd rygbi gan fod Llanelli'n rhy bell i deithio yno i ymarfer a chwarae. Mae hwnna'n drueni mawr. Ma rhai'n sicr yn cael gormod o faldod! Diolch byth taw cael fy ngharco 'nes i, heb y maldod! Edrychodd fy mam a 'nhad ar fy ôl i ymhob agwedd ar fywyd plentyn, yn enwedig ym maes rygbi. Mam fydde'n mynd â fi i'r holl sesiynau hyfforddi, i lawr i Lanelli ar ôl ysgol ddwywaith yr wythnos, a Dad wedyn yn mynd â fi i'r gêmau bob penwythnos, lle bynnag roedden nhw'n cael eu chwarae.

Roedd y gwahanu wedi hwyluso'r broses, er y bydden nhw wedi mynd â fi beth bynnag, dw i'n siŵr o hynny. Mynd at Dad fyddwn i bob penwythnos yn ddi-ffael wedi'r gwahanu, a mynd i ffwrdd gyda fe bob tro bydde gêm. Roedd hynny'n golygu wedyn 'mod i'n rhannu fy amser rhwng y ddau ac yn cael mwynhau awyrgylch y gêmau rygbi yng nghwmni Dad. Petai fy rhieni heb wahanu, mae'n siŵr y bydde Dad wedi teimlo pwyse i weithio mwy ar benwythnosau er mwyn rhoi bwyd ar y ford i'w wraig a'i dri o blant a falle bydde pethe wedi bod yn wahanol o ran y trefniadau i fynd â fi o Geredigion i lawr i Lanelli. Roedd y trefniant yn gweithio'n grêt i fi o safbwynt y rygbi felly, a'r ddau, Mam a Dad, wedi gallu bod yn hollol gefnogol.

Felly yn Golf GTI Mam yr awn i i dre'r Sosban ddwywaith bob wythnos ac ro'n i'n dwli ar y car 'na! Gartre â fi o'r ysgol ar y diwrnodau hyfforddi, cael te clou a lawr â ni. Bydde Mam yn fy ngollwng i yn y Strade ac yna'n mynd i ganol y dre i siopa neu beth bynnag. Bydde hi'n fy nghodi wedyn ar ddiwedd y sesiwn ac roedd yn rhaid stopio ym mhentre'r Pwll, y pentre cynta ar ôl gadael y Strade, i gael pryd o Chinese ar y ffordd adre. *Chicken chow mein* ac un can o Tango fydde bwyd y Scarlet ifanc ar ôl y sesiynau hyfforddi bob wythnos am sawl blwyddyn. Dim ond £4.25 oedd pris y cyfan, dw i'n cofio hynny hyd heddi. Wedi cwpla'r bwyd yn y car – erbyn Cydweli fel arfer – byddwn i'n cysgu'n sownd cyn cyrraedd Caerfyrddin, a Mam druan yn gorfod gyrru gweddill y daith dywyll a throellog i Lanarth mewn distawrwydd.

Rai blynyddoedd yn unig cyn i hyn i gyd droi yn batrwm byw i fi a 'nheulu, mae'n rhyfedd meddwl nad oedd gen i ddiddordeb mewn rygbi o gwbwl!

# 4

# Adnod a Chadno

Y TRO CYNTA i fi gydio mewn pêl rygbi oedd yn fy mlwyddyn gynta yn Ysgol Aberaeron, a hyd yn oed wedyn ches i ddim chwarae gêm gystadleuol o unrhyw fath yn y flwyddyn honno. Gwersi chwaraeon oedd y rheswm dros ddechre chwarae rygbi yn y lle cynta, ond doedd e'n ddim byd mwy na gwers ar yr amserlen. Ches i'r un gêm go iawn tan i fi fynd i'r ail flwyddyn. Roedd y pêl-droed wedi parhau yn ystod y cyfnod hwnnw, wrth gwrs, a finne'n dal i fod yn rhan o dîm y Cosmos yng Ngheinewydd.

Ma pethe mor wahanol heddi! Ma timau nawr i blant o dan saith a thîm i bob blwyddyn i blant hŷn. Dw i'n gwbod taw rygbi tag sy'n cael ei chwarae yn yr oedran ifanca, ond hyd yn oed wedyn dw i ddim yn siŵr 'mod i'n cytuno â dechre chwarae rygbi ar oedran mor ifanc. Gall plant ddiflasu ar chwarae'r gêm wrth ddechre'n rhy gynnar, heb sôn am ddisgwyl iddyn nhw ddechre taclo mor ifanc. Dw i'n ddigon balch na 'nes i ddechre chwarae rygbi'n gynt na 'nes i, beth bynnag.

Ond eto, wrth feddwl am y ffaith 'mod i'n chwarae pêl-droed ers 'mod i'n ifanc iawn, wel, ma'r ddadl yn wahanol yn fy marn i. I ddechre mae hi'n dipyn haws troi chwaraewr pêl-droed yn chwaraewr rygbi nag yw hi i droi chwaraewr rygbi yn bêl-droediwr. Mae pêl-droed yn eich dysgu chi'n glou iawn sut i ddarllen gêm ac i gael y weledigaeth i weld ble ma pob chwaraewr ar y cae a sut ma dod o hyd iddyn nhw. Hefyd, mae'n ffordd grêt i feithrin a datblygu'r sgiliau sylfaenol a chael ymwybyddiaeth o'r ffordd mae'r corff yn symud. Cofiwch fod pêl-droed yn gofyn am fwy o ffitrwydd hefyd.

Mae rygbi wedi newid lot ers i fi ddechre chwarae ac erbyn hyn mae'n rhaid bod yn ystwyth a dysgu defnyddio'r traed yn gelfydd. Dw i'n credu bod cefndir pêl-droed wedi bod o help i fi ddatblygu'r agweddau hyn yn sylweddol. Pan ddechreues i yn nhîm Llanelli, roedd chwaraewyr ifanc gwell a mwy na fi yn rhan o'r garfan a sawl un wedi ennill capiau i Gymru o dan 16 neu 18. Ches i mo'r fraint o ennill cap, ond wrth i fi ddechre chwarae yn yr un tîm â nhw, trist oedd gweld nifer ohonyn nhw'n colli diddordeb ac yn troi eu cefnau ar rygbi cyn iddyn nhw gyrraedd deunaw oed. Yr hyn oedd yn mynd trwy fy meddwl ar y pryd oedd 'all rugbyed out', ac rwy'n dal i gredu hynny heddi. Mae gen i ffrindie sydd wedi rhoi'r gorau iddi ac ambell un wedi ennill capiau i Gymru hyd yn oed. Od meddwl bod lot o'r bois hyn yn meddwl yn 19 oed eu bod nhw'n rhy hen i ddal ati i chwarae rygbi. I fi, gwastraff ar dalent yw hynny.

Daeth yn amlwg i fi wrth droi oddi wrth bêl-droed at rygbi bod angen bod lot yn fwy ffit i chwarae pêl-droed nag i chwarae rygbi. Dw i'n dal i gredu hynny, er mae'n rhaid derbyn bod angen gwahanol fath o ffitrwydd i chwarae'r ddwy gêm. Rhaid rhedeg a rhedeg wrth chwarae pêl-droed. Roedd hynny'n fy siwtio i am taw slipyn main, tenau o'n i bryd hynny. Er mwyn chwarae rygbi buodd yn rhaid magu cryfder ac ychwanegu mwy o bwyse. Ma gofyn gwneud hynny, wrth gwrs, mewn gêm lle ma ishe defnyddio'r breichiau i daclo a lle mae angen corff cydnerth i hyrddio mewn ryc. O ganlyniad, ma ishe i fois rygbi fod yn fwy tyff a chryf.

Ces i ambell gêm fel cefnwr i dimau iau yr ysgol ac un neu ddwy gêm fel maswr, credwch neu beidio! Doedd dim tîm yn y drydedd flwyddyn yn Ysgol Aberaeron, felly roedd unrhyw un oedd yn ddigon da yn cael eu dewis i chwarae i dîm y bedwaredd flwyddyn. Mewn un gêm i dîm y bedwaredd ro'n i'n chwarae maswr yn erbyn Ysgol Penweddig. Daeth y bêl ata i a rhedes am y llinell gais gan fynd heibio a thrwy'r taclwyr, yna i lawr ar hyd yr ystlys a sgorio cais reit yn y cornel. Mae'n rhaid dweud ei fod yn gais a hanner, a mwy na thebyg taw dyna'r cais gorau i fi ei sgorio erioed!

Wnes i erioed ddweud 'mod i am fod yn flaenasgellwr a doedd dim arwr rygbi 'da fi yn chwarae yn y safle chwaith. Damwain oedd hi 'mod i'n chwarae yn y safle hwnnw, ond diolch byth 'mod i wedi gwneud! Fe wnes i chwarae rhif 6 yn gynnar iawn i dîm dan 14 Aberaeron yn ogystal â thîm yr ysgol, ond dw i bron yn siŵr taw yn yr ysgol y dechreues i chwarae fel blaenasgellwr. Yr unig beth y galla i fod yn siŵr ohono yw taw yn Aberaeron y digwyddodd e!

Roedd y rygbi wedi cydio digon yn'o i nes 'mod i ishe chwarae i dîm y dre yn ogystal ag i dîm yr ysgol, er 'mod i hefyd yn dal i chwarae pêl-droed. Erbyn i fi ddechre ennill fy lle yn nhîm Aberaeron roeddwn wedi sefydlu fy hun fel aelod o'r rheng ôl, ac fel 'na buodd hi wedyn. Rhif 6 oedd fy rhif i a dechreuodd yr arferiad yn yr ysgol gyda Dafydd Williams yn rhif 8 a Sion Davies yn rhif 7, y ddau flwyddyn ysgol yn hŷn na fi. Roedden ni'n chwarae'n gyson yn erbyn timau fel Penweddig, Penglais, Llandysul, Castellnewydd Emlyn, Llambed ac ati. Llambed oedd y gêm fawr! Ond roedd ambell arwydd cynnar o'r ffordd y bydde pethe'n datblygu pan fu'n rhaid i fi chwarae rhif 8 o bryd i'w gilydd i dîm yr ysgol.

Pan oeddwn yn y bumed flwyddyn yn yr ysgol ac yn chwarae i dîm y chweched fe wnaethon ni gyrraedd chwarteri Cwpan Cymru a chwarae yn erbyn Coleg yr Iesu, Aberhonddu. 'Na beth oedd gêm a hanner. Pymtheg oed oeddwn i, a'r rownd gynderfynol yn ein haros pe baen ni'n ennill, a hynny'n creu lot o gyffro i ni fois Aberaeron ar y dydd. Ond colli wnaethon ni'n anffodus. Bydda i'n cofio'r gêm am byth achos dyna'r tro cynta erioed i fi lefen ar ôl chwarae gêm o rygbi! Aeth y bois i Aberhonddu ar y bws, a fi gyda nhw. Ond 'nôl yn y car gyda Dad y teithies i adre, gan wrthod yn lân â mynd 'nôl ar y bws, gymaint oedd fy siom o golli. Mae gallu delio â siom yn rhywbeth sy'n rhaid i chwaraewr rygbi proffesiynol ei ddatblygu a dyna wers gynnar ac effeithiol tu hwnt i mi ar sut i beidio â delio â methiant. Ond rhaid dweud, dw i wedi methu rheoli fy nheimladau gwpwl o weithie ers hynny hefyd!

Wedi tair blynedd o chwarae rygbi, a finne yn y bedwaredd flwyddyn, roeddwn i'n chwarae i'r ysgol, i dîm ieuenctid Aberaeron ac i dîm o dan 16 Llanelli

– ac eto roedd digon o angerdd 'da fi ac roedd ennill gêm yn dal yn holl bwysig. Oedd, roedd rygbi wedi cydio yn'o i go iawn. Fe 'nes i barhau i chwarae pêl-droed am sbel, ond wrth i ofynion chwarae rygbi gynyddu buodd yn rhaid i fi anghofio am y bêl gron.

Daeth cyfle pan o'n i yn 16, tua diwedd y cyfnod pêl-droed, i chwarae gyda'r Cosmos lawr yn Llandysul yn ffeinal rhyw gystadleuaeth. Cyn y gêm ro'n i'n bwrw pêl dennis yn erbyn talcen y tŷ gartre. Colles reolaeth ar y bêl oddi ar y wal. Rhedes ar ei hôl ond 'nes i ddim sylwi ar y wal isel mewn pryd a bwres yn ei herbyn gan agor fy nghoes yn eitha gwael. Ro'n i'n gallu gweld yr asgwrn. Draw â Mam a fi i gael pwythe yn y goes ac wedyn fe wnaeth hi ddreifo fi lawr i Landysul i weld y gêm. O'n i wedi fy siomi'n aruthrol unwaith eto ac roedd teimlad diflas lawr yng ngwaelod fy mola 'mod i wedi colli gêm mor bwysig oherwydd anaf. Ond bydde mwy o hynny i ddod i fi yn ystod fy ngyrfa hefyd.

Wrth edrych yn ôl nawr, mae ambell brofiad cynnar iawn wedi bod o help i fy mharatoi ar gyfer perfformio a chamu i mewn i sawl arena rygbi dros y byd gan wynebu torfeydd enfawr. Mae dau beth amlwg yn mynd â fi 'nôl at ddyddiau ysgol gynradd. Pan ddwedes i taw pêl-droed yn unig oedd hi yn yr ysgol fach, doedd hynny ddim yn hollol gywir. Ro'n i hefyd yn gwneud lot o ddawnsio gwerin. Mae dweud hyn bron fel cyffesu rhywbeth cudd na ddylen i fod yn ei ddatgelu. Ond fe 'nes i ddawnsio, ac un gyffes arall yw cyfadde i mi fwynhau'r profiad o gystadlu gyda'r dawnsio gwerin yn fawr iawn, a hynny am bedair blynedd. Dyna ni, ma'r stori mas nawr!

Diane Jones o Lanon fydde'n ein dysgu ni ac roedd cystadlu mewn steddfodau yn beth digon cyffredin i ni. Mae un steddfod yn aros yn glir yn y cof. Steddfod sir yr Urdd oedd hi, siŵr o fod, ac roedden ni yn Aberystwyth ar gyfer y cystadlu. Roedd chwe phâr o ferched a chryts yn y grŵp y diwrnod hwnnw. Dw i'n dal i gofio pa mor nerfus oeddwn i cyn camu ar lwyfan y Neuadd Fawr. Doeddwn i erioed wedi bod mor nerfus. Wedyn ces bip ar y dorf. Wel, os do fe! Doeddwn i erioed wedi gweld cymaint o bobl a phawb yn ishte gan wynebu'r llwyfan lle byddwn i'n dawnsio! Gwaethygu wnaeth fy nerfusrwydd. Ond i'r llwyfan â ni a gwneud yn eitha da, os dw i'n cofio'n iawn. Nid y ddawns sy'n aros yn y cof ond y profiad cynta o wynebu torf fawr. Fe 'nes i fwynhau bob eiliad, er gwaetha'r nerfusrwydd. Pwy fydde'n meddwl y bydde dawnsio gwerin yn yr ysgol gynradd yn help i fi ennill dros ddeugain o gapiau i Gymru?!

Profiad arall fuodd o help yn y blynyddoedd cynnar, ac unwaith eto ym myd y steddfod, oedd adrodd – a hynny ar fy mhen fy hun. Ro'n i wedi cael profiad o ddweud adnod yn yr ysgol Sul ers oedran ifanc iawn, wrth gwrs. Byddwn i a'm dwy chwaer, Carys a Cerian, yn arfer cerdded bob bore Sul i gapel Pencae, rhyw filltir a hanner i gyd. Enid Bryn oedd yn ein dysgu ni a'i gŵr, Bryn, yn un o'm harwyr ac yn athro dosbarth arnaf yn fy mlwyddyn gynta yn Aberaeron. Roedd gang ohonon ni blant yn mynd i'r ysgol Sul bob wythnos gyda'n gilydd.

Ond roedd yr adrodd yn gam mawr o'i gymharu â dweud adnod yn yr ysgol Sul. Fi ar fy mhen fy hun yn sefyll ar lwyfan o flaen y dorf a'r beirniad. Adroddes i ddim cymaint o'i gymharu â'r dawnsio gwerin, na chael yr un mwynhad chwaith, er i fi adrodd tipyn. Y pinacl mae'n siŵr oedd ennill y wobr gynta yn steddfod y pentre yn Llanarth. Erbyn i ddiwrnod y steddfod gyrraedd roeddwn i wedi torri 'mraich ond doeddwn i ddim am wneud hynny'n rhy amlwg wrth gerdded ar y llwyfan. Felly 'nes i roi 'mraich tu ôl i 'nghefn a sefyll fel 'na wrth adrodd y darn. Dw i'n cofio teitl y gerdd nawr – 'Torri'r Mochyn'. Am ddarn i'w roi i blant ysgol gynradd! Gofynnodd y beirniad am gael gweld fy mraich ac fe'i tynnes hi mas o'r tu ôl i 'nghefn yn araf bach a'i dangos. 'Na beth oedd rhyw adlais cynnar o guddio 'mraich wedi i fi ei hanafu fel y buodd yn rhaid i fi ei wneud mewn sgrym a lein yn y gêm ola 'na yn erbyn y Crysau Duon.

Y cam nesa ar ôl y steddfodau oedd y Clwb Ffermwyr Ifanc. Cam naturiol i gannoedd o bobl ifanc trwy Gymru, a doeddwn i ddim yn eithriad. Y CFfI oedd pia hi bob nos Lun. Do, fe gymres i ran yn y cystadlaethau siarad cyhoeddus a chystadlu yn Theatr Felinfach yn gyson ar yr hanner awr o adloniant. Roedd yn rhaid mynd i'r ralis, wrth gwrs – diwrnod cyfan o weithgareddau a chystadlaethau amrywiol yn ymwneud â byd amaethyddiaeth. Mae'n od sut mae pethe mor amrywiol yn dod yn ôl i'r cof wrth hel atgofion am y cyfnod 'na – o fwrw pyst ffens i'r ddaear, ras ar rafft lawr y Teifi a gwisgo fel estrys gyda chrys rygbi'r Springboks amdanaf! Gan fod y rygbi yn dechre cydio, fodd bynnag, doedd dim amser i wneud lot fawr gyda'r CFfI wedyn.

Fe aethon ni ar sawl trip, dw i'n cofio, ac un i orsaf newydd yr heddlu yn Aberystwyth. Ble bynnag bydden ni'n mynd ar y tripiau hyn, ro'n i'n teimlo taw fi oedd yn gorfod rhoi y diolchiadau bob tro i'r rhai oedd wedi'n croesawu. Prin y byddwn i'n cael rhybudd, ond fi fydde'n gwneud yn ddi-ffael. Bob tro y bydde un o'm hathrawesau yn gweld Mam yn y dre, bydde hi'n mynd ati a dweud ei bod hi'n bleser fy nysgu i achos 'mod i mor barod i ddweud plis a diolch! Dylanwad y CFfI yn amlwg wedi 'mestyn tu hwnt i'r clwb, a Mam wrth ei bodd yn cael clywed wrth gwrs.

Fe 'nes i lot o ffrindie ffantastig yn y clybiau hynny, yn fechgyn a merched. Yn enwedig un ferch. Mae'n amlwg 'mod i'n dal i fynd i nosweithie CFfI pan o'n i'n 16, achos fe es i un noson i Tafarn Bach, Pont-siân gyda'r clwb lleol. Yno y noson honno roedd merch ifanc o bentre Ffarmers, sef Lynwen. Fe wnaeth hi eitha argraff arna i, mae'n rhaid dweud, a dechreuon ni fynd mas 'da'n gilydd. Fe barodd am sbel fach ond dw i'n credu bod y pellter rhwng Llanarth a Ffarmers yn ormod i ddau mor ifanc o gofio nad oedden ni'n gallu dreifo ac fe ddaeth y berthynas i ben. Wel, am y tro beth bynnag.

Erbyn i'r rygbi gydio go iawn, roedd un diddordeb arall 'da fi i lenwi'r oriau sbâr yn ystod y penwythnosau. Gan fod y gêmau ar ddydd Sul roedd pob dydd Sadwrn yn rhydd, a phan o'n i'n 13 oed dechreues i fynd gyda Dad i ddilyn y cŵn hela. Roedd Dad wastad wedi mwynhau cyffro'r helfa a bydde fe'n dilyn helfa Llanwnnen yn gyson. Bydde pawb yn cwrdd mewn tafarn, yn yr un rhai, a hynny yn eu tro – y Llanina Arms yn Llanarth, Glan-yr-Afon yn Nhalgarreg a Cefn Hafod yn Gorsgoch, tafarndai cefn gwlad i gyd. Mynd o'r mannau hynny wedyn i ble bynnag y bydde helfa'r dydd, unrhyw le yn y sir. Bydde brechdanau a phob math o bethe'n cael eu paratoi cyn mynd, gan gynnwys rhyw fowlen fawr yn llawn o rywbeth digon tebyg i *punch* mae'n siŵr. Dw i ddim yn gwbod faint o alcohol oedd ynddo fe ond roedd e'n dwym neis cyn mynd mas i'r gwynt a'r glaw. Bant â fi gyda Dad yn y fan i drio dilyn y pac ble bynnag bydden nhw'n mynd ar ôl cael arogl cynta'r cadno. Wedyn, mas o'r fan ac i mewn i'r caeau neu'r coed a'r ceffylau ym mhobman o'n cwmpas. Fel arfer, rhwng 20 a 30 o geffylau oedd mas, ond un diwrnod ar ddydd San Steffan roedd 68 o geffylau yn yr helfa a hynny'n sicr yn record ar y pryd. Tybed ydi hi'n dal i fod yn record?

Roedd ceffyl 'da ffrind Dad a byddwn i'n cael mynd ar ei gefn nawr ac yn y man. Daeth y dydd pan gymres ran mewn helfa ar gefn ceffyl. 'Nes i hynny gwpwl o weithie ac roedd e'n eitha profiad. Yn sicr, dyna ble mages i ddiddordeb ym myd y ceffylau ac mae'r diddordeb hwnnw wedi parhau 'da fi hyd heddi. Doedd pethe ddim wastad yn gweithio'n iawn, wrth gwrs. Ambell waith bydde'r cŵn yn llwyddo i ddal y cadno, ond bryd arall bydde'r cadno'n dianc ac weithie bydde angen ei balu fe mas, neu ei gael e mas o ble bynnag y bydde fe'n cwato. Daeth yr amser i fi gael bod yn rhan o'r gwaith 'na ac ro'n i'n teimlo yn dipyn o foi wrth fod yn rhan o fyd y dynion mawr. Roedd pawb yn cael cawl ar ôl dod 'nôl, a bara a chaws wrth gwrs. Doedd dim yn well na hela i greu teimlad o gymuned, a hynny'n cynnwys pobl o bob oedran. Dw i ddim yn dilyn y cŵn hela nawr ond dw i'n teimlo y bydde fe'n drueni mawr petai'r arferiad yn diflannu o gefn gwlad. Mae'r holl ddigwyddiad yn codi rhyw gynnwrf ac yn creu rhyw deimlad unigryw. Dyw pawb, yn amlwg, ddim yn mwynhau hela, ond dw i'n falch ei fod yn rhan o'm hetifeddiaeth i.

O ran gwaith, roedd Dad wedi mentro ar ei liwt ei hunan. Peiriannau, y *track machines*, oedd ganddo a bydde fe'n gweithio'n galed iawn. Fe 'nes inne ddangos diddordeb mawr yn ei waith. Pan fydde fe'n gweithio'n lleol, byddwn i'n mynd ar gefn beic i'r fferm neu'r safle adeiladu lle roedd e'n gweithio er mwyn cael ei weld e wrthi a mwynhau cael gweld y peiriannau wrth eu gwaith.

Rhwng yr hela, gwaith Dad a holl weithgareddau y Clwb Ffermwyr Ifanc, roeddwn i'n teimlo 'mod i'n rhan o fywyd cefn gwlad Ceredigion. Blas y tir ac awyr iach oedd y bywyd i fi yn Llanarth, ac mae e yn y gwaed o hyd.

# 5

# Y Wallabies, Pren a Rhamant

DOES DIM AMHEUAETH beth wnaeth gynnau'r fflam rygbi ynof fi go iawn. Roedd gorfod chwarae'r gêm fel rhan o wersi'r ysgol yn Aberaeron yn amlwg yn ddechre da. Ond fe allai fod wedi aros yn ddim mwy na gwers ar yr amserlen pe na bai cewri Awstralia wedi ymweld â Pharc y Strade yn ystod tymor 1992/3, sef fy ail flwyddyn yn yr ysgol fawr. Aeth Mam â fi lawr i weld y gêm a dyna beth newidiodd bethe go iawn!

Roeddwn wedi bod i weld un gêm yn fyw cyn hynny, yn ystod fy mlwyddyn ola yn yr ysgol fach, ond doedd e ddim byd tebyg i'r profiad o fynd i'r Strade ddydd Sadwrn, 14 Tachwedd 1992.

Gan 'mod i wedi dechre chwarae gêmau rygbi'r flwyddyn honno, roedd 'da fi damed bach mwy o syniad beth i'w ddisgwyl wrth fynd yn y car o Lanarth. Lawr â fi, Mam a Jeff, sy'n perthyn o bell i fi ac a ddaeth yn was priodas i fi nes 'mlaen yn fy mywyd. Ond wnes i ddim disgwyl gweld yr hyn weles i wedi cyrraedd Parc y Strade. Gallwn deimlo'r cyffro cyn dod yn agos at y gatiau enwog a phawb fel morgrug yn dod mas o bob stryd, lôn a chilfach am filltiroedd! Ac wedyn, wrth agosáu at y Strade ei hun, roedd y cyfan yn fwrlwm o gyffro a sŵn. 'Na beth oedd awyrgylch.

Mae'n siŵr 'mod i wedi deall ychydig bach am y disgwyliadau mawr cyn y gêm gan fod Awstralia yn bencampwyr y byd ar y pryd ac wedi curo De Affrica ar eu ffordd i Gymru ac Iwerddon. Fe wnaethon nhw chwarae 12 gêm yn y ddwy wlad ar y daith honno ac un yn erbyn y Barbariaid yn Twickenham ar ddiwedd y daith. Nid yn unig ro'n nhw'n bencampwyr y byd ond roedd sawl record y byd wedi ei thorri ganddyn nhw hefyd yn ystod y flwyddyn cyn iddyn nhw ddod i Lanelli.

Roedd yr unigryw David Campese wedi croesi'r 50 o geisiau rhyngwladol, y cynta i wneud hynny erioed. Roedd yr haneri, Nick Farr-Jones a Michael Lynagh, wedi torri'r record am y bartneriaeth hira yn eu safleoedd a Nick Farr-Jones wedi torri'r record am y nifer o weithie roedd chwaraewr wedi bod yn gapten ar ei wlad. Ar ben hynny, roedd hyfforddwr Awstralia yn y gêm yn erbyn Llanelli, Bob Dwyer, newydd dorri'r record am fod yn hyfforddwr ar wlad yn y nifer fwya o gêmau rhyngwladol. Fe sicrhaodd y gamp honno yn y gêm yn erbyn Iwerddon, bythefnos cyn y gêm yn erbyn Llanelli. Enillodd y Wallabies y gêm honno o 42 i 17. Yn anffodus, doedd Campese na Lynagh ddim yn chwarae yn erbyn Llanelli, ond nhw oedd yr unig ddau o'r tîm a chwalodd Iwerddon na wnaethon nhw chwarae yn erbyn Llanelli.

Erbyn canol y mis Tachwedd hwnnw, dim ond

un gêm roedd Llanelli wedi'i cholli ac roedden nhw wedi croesi'r 400 o bwyntiau'n barod. Erbyn diwedd y tymor roedden ni wedi ennill pob peth oedd yn bosib ei ennill mewn tymor anhygoel. Mae'n od fy mod yn dweud 'ni' wrth sôn am y gêm honno a finne 'mond yn grwt 12 oed, heb unrhyw argoel o chwarae iddyn nhw ar y pryd. Ond 'na fe, mae'n dangos sut ma tîm y Scarlets yn cydio ynoch chi!

Doedd dim prinder sêr gan y Scarlets chwaith, gan eu bod yn cynnwys y gwibiwr Ieuan Evans, oedd yn gapten Cymru ac yn un o'r Llewod. Roedd dros hanner tîm y Scarlets yn chwaraewyr rhyngwladol a bydde rhai o'r lleill yn ennill eu capiau cynta yn ddiweddarach y tymor hwnnw, gan gynnwys Wayne Proctor, oedd i ennill ei gap cynta yn erbyn Awstralia yr wythnos wedi iddo chwarae yn eu herbyn yng nghrys y Scarlets. Yn ddiweddarach y tymor hwnnw cafodd y lliwgar Rupert Moon ei gap cynta hefyd. Fe oedd capten Llanelli yn erbyn Awstralia ar y diwrnod mawr.

Wedi i ni gyrraedd tu mewn i'r stadiwm roedd yr holl beth yn wefr o'r eiliad gynta. I ddechre roedd y lle dan ei sang, yn fwy na gorlawn os yw'r fath beth yn bosib! Fel 'na oedd e'n teimlo i grwt ifanc fel fi, ta beth. Roedd y gweiddi a'r canu yn ffantastig ac roedd cais Ieuan Evans yn yr hanner cynta yn fendigedig. Mae'n dal i fod yn rhan o chwedloniaeth y clwb. Ond roedd sut y gwnaeth y Scarlets gipio'r fuddugoliaeth yn wefreiddiol, a hynny reit ar ddiwedd y gêm, trwy ddwy gic adlam gan y maswr Colin Stephens ar ôl croesi'r 80 munud, a hynny wedi i'w dîm fod ar ei hôl hi yn ystod ugain munud ola'r gêm.

Buddugoliaeth hanesyddol yn y diwedd, a does dim dwywaith bod y profiad o weld ymateb dros 13,000 o bobl i hynny, a minne yn eu canol, yn rhywbeth fydd yn aros yn y cof am byth. Collodd tîm Cymru i Awstralia wythnos yn ddiweddarach, o 23 i 6, ac roedd 11 o'r tîm a gollodd i Lanelli yn chwarae i Awstralia ar Barc yr Arfau.

Mae'n rhan o'r tynnu coes rhwng y ddau 'elyn' traddodiadol bod Abertawe hefyd wedi curo Awstralia ar y daith honno, nid dim ond Llanelli. Ateb ffans y Scarlets i hynny bob tro yw taw tîm canol wythnos Awstralia – hynny yw, yr ail dîm – oedd yn chwarae yn erbyn Abertawe a bod y tîm llawn wedi chwarae yn erbyn y Scarlets. 'Na i gyd weda i yw iddyn nhw chwarae yn erbyn Abertawe ar ddydd Mercher ac i ni chwarae yn eu herbyn ar ddydd Sadwrn!

Roedd penawdau'r papurau y bore wedyn yn llawn canmoliaeth i berfformiad bois y Scarlets. 'Rupert's men whip champs,' meddai un. 'Scarlet ribands as Colin drops in late,' meddai un arall. 'Moon shining!' meddai'r *Mirror* gan gyhoeddi hefyd, 'The *hwyl* is back in Welsh rugby.' Yn ddiweddarach, des i sylweddoli arwyddocâd hanesyddol y fuddugoliaeth, a bod Llanelli wedi curo'r Awstraliaid bedair gwaith mewn saith gêm. Wedi'r fuddugoliaeth yn 1992, doedden nhw heb golli i fois yr Oz ers 1957.

Mae'n od dweud, er gwaetha hyn i gyd, taw un cof amlwg, clir a manwl sydd 'da fi o'r gêm yn fwy na dim arall, sef y dacl a wnaed gan un o gefnwyr y Scarlets. Daeth canolwr Llanelli, Simon Davies, wyneb yn wyneb â chefnwr Awstralia, Marty Roebuck, yng nghanol y cae. Dyna beth oedd tacl! Chwalodd Simon e a dw i'n dal i glywed y glec wrth i Roebuck gwympo. Roedd adroddiadau'r papurau newydd yn dweud taw un rheswm dros y fuddugoliaeth oedd 'taclo digyfaddawd' y Scarlets. Tynnwyd sylw at un dacl wnaeth Lyn Jones ar ganolwr y Wallabies, Jason Little. Cyfeiriodd y *Western Mail* at chwarae'r rheng ôl gyfan – Emyr Lewis yn 'rampaging', Mark Perego yn 'slamming' a Lyn Jones yn 'decisive'. Ond i fi, tacl Simon Davies sydd yn aros yn y cof. O'r holl bethe a ddigwyddodd y diwrnod hwnnw, dyna'r cof cliria sy 'da fi; dyna wnaeth yr argraff fwya ar grwt oedd newydd ddechre chwarae rygbi mewn tîm. Roeddwn i am fod yn rhan o'r cwbwl 'nes i weld y diwrnod hwnnw. Roeddwn i am fod yn un o'r Scarlets.

A beth bynnag yw'r rhinweddau di-ri sydd i Barc y Scarlets heddi, oherwydd y ffordd y dechreuodd pethe i fi, fe fydd gan Barc y Strade le amlwg yn fy nghalon. Mae'n anodd disgrifio beth oedd gan yr hen le, oedd wedi'r cyfan yn cwympo'n ddarnau erbyn y diwedd. Ond roedd ysbryd a chymeriad cwbwl unigryw yn perthyn iddo ac, wrth gwrs, roedd y maes yn enwog drwy'r byd.

'Waw' oedd y gair oedd yn troi yn fy mhen wrth i Golf GTI Mam wau ei ffordd yn ôl trwy hewlydd Sir Gâr a Cheredigion yn hwyr y prynhawn Sadwrn hwnnw ym mis Tachwedd. Tybed a fydden i'n ffeindio fy ffordd yn ôl i Barc y Strade fel chwaraewr rhyw ddydd? Ni allwn wneud dim ond gobeithio.

Yn y cyfamser, rhaid oedd canolbwyntio ar chwarae rygbi i'r ysgol ac i Aberaeron a gobeithio y bydde rhyw gyfle'n codi rhywsut i dynnu sylw clwb y Scarlets yn Llanelli. Diolch byth, doedd dim rhaid aros yn hir iawn ac mae'r diolch i un dyn yn arbennig am greu'r cyfle hwnnw.

Chwarae mewn gêm i dîm yr ysgol oeddwn i, ond dw i ddim yn cofio yn erbyn pwy. Roedd tri thîm yn chwarae y diwrnod hwnnw ar gaeau'r ysgol. Yn ystod fy ngêm i, roedd rhywun wedi mynd at Mam â neges ddigon pendant.

'Ma raid i chi fynd â'ch crwt lawr i Lanelli, at y Scarlets!'

Bydde Huw Thomas yn mynd i weld gêmau'r bechgyn ysgol bob wythnos. Er ei fod yn byw yn Aber-arth erbyn hynny, a ddim wedi'i eni yn Aberaeron hyd yn oed, roedd e'n gefnogwr brwd o rygbi'r ysgolion yn gyffredinol. Y diwrnod hwnnw roedd wedi cerdded o'r naill gae i'r llall i wylio'r tri thîm ac wedi cael y sgwrs 'na 'da Mam ar ôl gweld y gêmau. Doedd ganddo'r un cysylltiad ffurfiol â chlwb Llanelli chwaith, ond roedd yn gymaint rhan o'r gêm ar lefel ysgolion fel bod pawb yn ei nabod. Plannodd yr hedyn yng nghalon crwt ifanc o Aberaeron i ymuno â'r Scarlets, crwt oedd yn dangos addewid mawr yn ei dyb e. Fe gymerodd Gareth Jenkins ei air, diolch byth, gan ddangos y parch oedd gan bobl i farn Huw, a lawr â fi i ymarfer gyda'r ieuenctid. Dyna ddechre'r trafaelu lawr yn ystod yr wythnos a'r *chicken chow mein*! Fe fydd gen i ddyled aruthrol i Huw Thomas am weddill fy mywyd am weld rhywbeth yn fy ngallu fel chwaraewr ac am ddweud wrth y clwb amdana i. O ganlyniad, daeth y freuddwyd ges i ar ddiwrnod gêm y Wallabies yn wir ymhen llai na dwy flynedd.

Ar ôl i fi ddechre ymarfer gyda'r Scarlets pan

oeddwn yn Ysgol Aberaeron, parhaodd Mam i fynd â fi yno wedi i fi adael yr ysgol a dechre gweithio. Yr eiliad y pasies fy mhrawf gyrru, lawr â fi ar fy mhen fy hunan i dre'r Sosban. Ond er bod rygbi bellach yn bopeth i fi, roedd yn rhaid i fi hefyd feddwl am ysgol a gwaith. 'Nes i fwynhau'r ysgol yn fawr, ond doeddwn i ddim yn mynd i fod yn un o'r disgyblion mwya disglair. Fe 'nes i'n ddigon da yn yr arholiadau TGAU ond doedd dosbarth chwech erioed yn opsiwn i fi. Yr agosa des i i ymuno â nhw oedd drwy chwarae i dîm rygbi'r chweched pan o'n i yn y pumed!

Roeddwn i'n gwbod bod Dad, yn ei galon, am i fi ei ddilyn i fyd y peiriannau diwydiannol. Fe allai'n rhwydd fod wedi rhoi pwyse arna i i ymuno â'r busnes a'i redeg ar ôl iddo fe gwpla, gan gadw'r busnes yn y teulu. Ond wnaeth e erioed mo hynny. Ei gyngor yn ddi-ffael fydde 'Cer am jobyn glân.'

Roedd e wastad wedi ishe bod yn saer coed ond ddigwyddodd hynny ddim iddo fe. Felly fe wnaeth e awgrymu y bydde hynny'n fy siwtio i i'r dim.

'Cer i'r coleg i ddysgu bod yn saer, pryna fan fach a 'na ti, byddi di'n iawn am byth.'

A dyna 'nes i. Lawr â fi i Goleg Ceredigion yn Aberteifi i ddysgu bod yn saer coed. Ar yr un pryd, fe es i at saer coed lleol, Arthur Davies, gan ddechre gweithio iddo fe tra oeddwn i'n hyfforddi yn y coleg a finne'n 16 oed. O'n i'n gweithio iddo fe nes i fi gyrraedd 19 oed. Gyda fe ro'n i pan ddechreuodd y rygbi gydio yn'o i go iawn. Ar y dechre doedd dim problem jyglo gwaith ac ymarfer. Ond dechreuodd gofynion y byd rygbi bwyso fwyfwy arna i a chreu problem i'r dyn busnes Arthur Davies. Roeddwn ym mlynyddoedd ola'r tîm ieuenctid ac yn dechre chwarae ambell gêm i dîm cynta Llanelli. Roedd gofyn felly i fi fynd lawr yno sawl gwaith yr wythnos, ac nid erbyn saith o'r gloch fel y gwnawn pan oeddwn yn chwarae i'r tîm dan 16, ond yn hytrach erbyn diwedd y prynhawn. Yn aml roedd yn rhaid gadael ardal Aberaeron erbyn tua hanner awr wedi dau neu dri o'r gloch. Wel, gallwn i fod lan ar ben to rhyw adeilad yr amser hynny a dim gobaith dod lawr, neu, yn waeth byth, yn gallu dod lawr ond yn gadael pobl eraill i wneud fy ngwaith i, neu'n gorfod dod â'r gwaith i ben yn llwyr am y dydd lot yn rhy gynnar. Cododd y cwestiwn yn anochel ac fe wnaeth Arthur droi rownd a dweud wrtha i un diwrnod, yn syml iawn, bod yn rhaid i fi ddewis rhwng rygbi a'r gwaith coed. Doedd dim ishe meddwl yn rhy hir ynglŷn â'r ateb. Diolch yn fawr iawn am bopeth, meddwn i wrtho, ond alla i ddim gadael y rygbi nawr. A bant â fi.

Yr opsiwn wedyn oedd gweithio i fi fy hunan. Roedd fan 'da fi'n barod, felly 'na beth 'nes i. Bydde fe'n rhwyddach rheoli fy amser a finne'n fòs arna i'n hunan. Dechreues weithio gyda chefnder i fi, Anthony Davies, y ddau ohonon ni'n gweithio i ni'n hunain ond yn gweithio gyda'n gilydd pan ddeuai cyfle. Saer coed ar fy liwt fy hunan o'n i felly, ar safleoedd adeiladu, tra 'mod i hefyd yn dechre datblygu gyrfa rygbi. Doedd bywyd ddim yn ddiflas!

Roedd yn rhaid i bethe fod fel'na achos, beth bynnag yw maint y freuddwyd o chwarae rygbi i dîm proffesiynol fel y Scarlets, mae'n rhaid meddwl am gyflog sefydlog, yn ogystal ag ystyried beth pe na bai pethe'n gweithio fel ro'n i ishe iddyn nhw. Hynny yw, yr hen agwedd o 'rywbeth i droi ato os nad yw pethe'n digwydd yn ôl y disgwyl'. Trwy lwc, dechreuodd y gwaith saer lifo i mewn ac ro'n i fflat-owt ymhen dim o amser. Ro'n i wrth fy modd â'r gwaith ac yn teimlo ei fod yn rhywbeth oedd yn gwbwl naturiol i fi ei neud. Wel, fel arfer ta beth. Yn anffodus roedd adegau pan nad oedd y morthwyl yn bwrw y man lle dyle fe neu'r gain yn torri 'mys i yn hytrach na'r pren, ac ma 'da fi'r creithiau i brofi hynny!

Pan o'n i'n 19 fe brynes i'r tŷ drws nesa i Mam. Ymateb pawb arall, yn syml, oedd, 'Daf, ti'n dwp!' Y rheswm dros hynny oedd bod y tŷ'n adfail bron a gwaith aruthrol i'w neud iddo fe. Ond roeddwn yn saer coed wedi'r cyfan. Bydde fe'n ddigon posib i fi wneud y gwaith i gyd fy hunan. Oni fydde fe?

Wel, fe gymerodd rhyw dair blynedd i fi orffen y gwaith ar y tŷ, a symudes i mewn pan o'n i'n 23 oed. Bues i'n byw 'na am gwpwl o fisoedd cyn prynu tŷ yn y Tymbl ger Llanelli, jyst lawr yr hewl oddi wrth Robin McBryde. Ond nid ar fy mhen fy hunan yr es i fyw i'r Tymbl.

Yn ystod y cyfnod hwn o ddatblygu a phrynu'r ddau dŷ, fe newidiodd yr holl reswm dros wneud hynny oherwydd un digwyddiad arbennig. Yn ystod cystadleuaeth y Chwe Gwlad yn 2000, y flwyddyn gynta iddi newid o'r Pum Gwlad i'r Chwe Gwlad, y bu hynny. Gartre o'n i, oherwydd anaf i'r pen-glin, ac felly ddim wedi gallu mynd i Gaerdydd gyda'r bois a dilyn un o'r traddodiadau parchus, Cymreig hynny ar ddiwrnod gêm ryngwladol! Yn sydyn reit, a finne â 'nghoes lan adre, ces alwad ffôn gan un o'r mêts gorau, Dylan Fronwen. Roedd yn amlwg ei fod e mewn tafarn yng nghanol y ffans rygbi yng

Nghaerdydd rhywle ond ei neges oedd iddo ddod ar draws Lynwen yn y brifddinas. Hi oedd yr un es i mas 'da hi am gyfnod byr ar ôl cwrdd â hi ym Mhont-siân yn nyddiau'r CFfI. Yn ôl Dylan, roedd hi'n awyddus i wbod ble ro'n i erbyn hyn ac yn holi a o'n i am gwrdd â hi eto. Doedd dim oedi cyn ateb, ac fe wnaethon ni gwrdd yr wythnos wedyn. Diolch i Dylan am chwarae rôl Cupid, a dyna ailgydio yn ein perthynas ar ôl saib o ryw dair blynedd. Dw i'n grediniol y bydde fe'n siŵr o fod wedi digwydd rywbryd ta beth, a bod yr ailgydio 'mond yn fater o amser tra bod y ddau ohonon ni, ar wahân, yn rhoi trefn ar bethe eraill yn ein bywydau – Lynwen yn hyfforddi i fod yn athrawes a finne'n dechre ar fy ngyrfa fel chwaraewr rygbi.

Heb fod yn hir ar ôl i ni brynu'r tŷ yn y Tymbl, roedd Lynwen a fi'n byw yno fel gŵr a gwraig. Falle taw cofio llwyddiant hanesyddol ennill y Gamp Lawn y bydd pawb arall yn ei wneud am 2005, ond i fi, reit yng nghanol gêmau'r Chwe Gwlad, cofio bod yn Sharm el-Sheikh ydw i, wrth i Lynwen a fi ddyweddïo! Fe briodon ni ym mis Gorffennaf 2006.

Mae cefn gwlad yn fwy na dylanwad cryf ar y ddau ohonon ni ac roedd prynu tŷ ac iddo ychydig o dir yn ddymuniad greddfol i ni wedi priodi. Felly, yn haf 2006, symudodd y ddau ohonon ni i mewn i hen ffermdy ym Mhorthyrhyd ger Caerfyrddin. Erbyn hyn mae pedwar ohonon ni'n byw 'na gan i Jac gael ei eni yn 2007 a Lili-Ela yn 2008.

Yng nghanol y cyffro o ennill gêmau gyda'r clwb a chwarae i'n gwlad, mae'n rhwydd i bobl feddwl nad oes bywyd arall gyda ni'r chwaraewyr heblaw chwarae rygbi. Yn fy achos i, yn sicr, dyw hynny ddim yn wir. Dw i wastad wedi gweld y darlun ehangach. Dyna'r darlun, wedi'r cyfan, a fydde yno pan na fydde hi'n gorfforol bosib i fi chwarae gêm o rygbi byth eto. Ond doedd meddwl am y dyddiau ar ôl cwpla chwarae ddim yn ystyriaeth pan gwrddodd Lynwen a fi unwaith eto ac ailgynnau fflam ein perthynas.

# 6

# Scarlet Go Iawn

PAN GWRDDODD LYNWEN a fi am yr eildro, roeddwn i wedi cael ambell gêm i dîm cynta'r Scarlets ond yn dal yn aelod o'r tîm ieuenctid ac wedi cael cytundeb 'da nhw hefyd. Y tro cynta i fi chwarae i dîm cynta'r Scarlets oedd yn erbyn Leeds ar ddydd San Ffolant 1997 a finne'n 17 oed. Cafodd Dwayne Peel a fi ein gêmau cynta ar yr un diwrnod mewn gêm pan roddon ni eitha crasfa i Leeds, 64-14. Roedd hi'n gyfnod gêmau'r Chwe Gwlad ac roedd angen galw ar rai o fois y garfan i mewn i'r tîm cynta, yn ogystal â dau grwt ifanc, sef Dwayne a fi. Mae'n ddigon gwir dweud nad ydw i'n cofio dim am y gêm honno heblaw iddi gael ei chwarae ar y Strade. Mae'n siŵr fod cael y fraint o gerdded mas ar gae'r Strade am y tro cynta wedi bod yn gymaint o anrhydedd nes bod yr atgof hwnnw wedi llyncu manylion eraill y gêm.

Erbyn 1999/2000 roedd y clwb wedi cynnig cytundeb deuol i fi, sef cytundeb i chwarae i Lanelli a Llanymddyfri, un o'r clybiau sy'n bwydo'r Scarlets. Yn ymarferol roedd yn golygu mynd i Lanelli bob nos Lun i hyfforddi ac wedyn cael gwbod ai aros gyda nhw y byddwn i am weddill yr wythnos neu

fynd draw i Lanymddyfri. Os nad oedd y Scarlets
ishe fi, yna hyfforddi gyda Llanymddyfri fyddwn i
ar nos Fawrth a nos Iau a chwarae iddyn nhw ar y
penwythnos. Fe 'nes i chwarae wyth gêm i'r Scarlets
pan own i ar y cytundeb deuol 'na, gan gynnwys gêm
yn erbyn Hwngari mas yn y wlad honno ac un gêm
yn erbyn Caerlŷr hefyd.

Roedd yn system arbennig o dda ac yn siwto fi
i'r dim. Yn un peth, roedd yn golygu bod yn rhaid
i fi ddechre dod yn gyfarwydd â chwarae yn erbyn
dynion o wythnos i wythnos. Roeddwn i'n dal yn fy
arddegau a lot gyda fi i'w ddysgu. Doedd fy sgiliau
ddim o'r safon ucha ac roedd pob gêm yn gorfforol
tu hwnt. Yn yr un tîm â fi yn nhre'r porthmyn roedd
dau grwt ifanc arall, Mark Jones ac Andy Powell.
Roedd Mark wedi bod yno am flwyddyn cyn i fi
gyrraedd ac wedi symud draw o dîm Llanfair-ym-
Muallt, ei dre enedigol. Draw o'i dre enedigol yntau,
Aberhonddu, y daeth Andy. Rhyngom mae dros
gant o gapiau rhyngwladol 'da'r tri ohonon ni erbyn
hyn, sy'n arwydd bod y seiliau cadarn wedi cael eu
gosod mewn modd arbennig 'da clwb Llanymddyfri
y flwyddyn honno ar ddiwedd y nawdegau. Roedd
Mark Jones ar dân y flwyddyn y dechreues i chwarae
i Lanymddyfri a lawr â fe i'r Strade yn eitha clou.
Daeth yn amlwg hefyd bod Andy Powell yn yffach o
athletwr.

Mae un peth yn sicr, roedd yn benderfyniad call
i roi'r gorau i weithio i Arthur Davies er mwyn cael
yr amser i wneud yr holl bethe hyn! A diolch byth,
doedd dim ishe mynd â'r fan lawr i Lanelli nac i
Lanymddyfri. Deng mil o bunnau'r flwyddyn oedd
y cytundeb deuol, gan gynnwys car Ford Mondeo.

Cafodd Mark, Dwayne a fi geir yr un pryd. Roedd amseriad cael y car yn grêt i fi am 'mod i newydd ddechre mynd 'da Lynwen unwaith eto, felly daeth y car yn handi iawn – i fynd 'nôl a 'mlaen i'w gweld hi dw i'n feddwl, wrth gwrs!

Ond er gwaetha'r bywyd newydd oedd yn agor o 'mlaen i, doedd gen i erioed y bwriad i fod yn rhan o'r bywyd gwyllt a symud i'r dre neu'r ddinas er mwyn cael rhyw fath o fywyd bras. Fe wnaeth rhai o'm cyd-chwaraewyr ifanc hynny, a defnyddio arian y cytundeb cynta i brynu fflat yng Nghaerdydd. Ond dw i erioed wedi byw mewn tre a doedd derbyn cytundeb i chwarae rygbi ddim yn mynd i newid hynny. Trafaelu 'nôl a 'mlaen 'nes i am rhyw chwe blynedd, o Lanarth i Lanelli, heblaw am y cyfnod pan o'n i'n mynd i weld Lynwen yng Nghaerdydd, lle buodd hi am flwyddyn yn dilyn cwrs Tystysgrif Addysg.

Dim ond mor bell â Chaerfyrddin oedd ishe i fi ddreifo gan fod criw ohonon ni'n rhannu liffts o fan'na 'mlaen. Roedd cwmni grêt 'da ni i rannu liffts a dw i wedi bod yn lwcus iawn o'r gwmnïeth ges i. Halfords Caerfyrddin oedd y man cwrdd ac, i ddechre, John Davies, Wayne Proctor a fi fydde'n rhannu liffts o fan'na i Lanelli. Mae John yn dod o Boncath a Wayne o Aberteifi. Ymhen amser daeth Barry Davies, sy'n dod o dre Caerfyrddin, aton ni ac yna Mike Phillips, o Bancyfelin ar gyrion Caerfyrddin. Am un tymor o leia fe wnaethon ni i gyd wasgu i mewn i un car am y pymtheg milltir o Halfords i'r Strade! Diolch byth bod Wayne wedi dechre hyfforddi a'i fod e, o ganlyniad, wedi gorfod dilyn amserlen wahanol i ni.

John Davies oedd y gwaetha o ran bod yn hwyr. Roeddwn i a Wayne yn arfer cyrraedd Halfords o leia hanner awr yn gynnar ac yn awchu am gael mynd i ddechre hyfforddi. Deuai'r amser a drefnwyd i gyfarfod ond, yn aml, fydde dim sôn am John. Ffonio fe wedyn a fe'n dweud ei fod yn agosáu at B&Q ac y bydde fe 'da ni mewn rhyw ddwy funud. Dim ond rhyw chwarter milltir sydd rhwng Halfords a B&Q, ond ddeng munud wedi'r alwad ffôn fydde dim sôn am John o hyd. Fe ddysgon ni'n ddigon clou nad oedd e wedi cyrraedd Sanclêr pan fydde'n dweud ei fod wedi cyrraedd B&Q, felly fe wnaethon ni roi'r gorau i aros amdano a mynd hebddo fe. Roedd e'n casáu gorfod mynd ar ei ben ei hunan bob cam ond do'n ni'n dou ddim yn mynd i aros iddo fe!

Fe ddes i 'mlaen yn grêt 'da Barry Davies o'r dechre ac ry'n ni'n dal yn ffrindie da. Roedd ganddo lot fawr o dalent ac fe ddangosodd e hynny, yn enwedig yn y flwyddyn pan gas e'r cap i Gymru. Roedd e ar dân. Roedd e'n siomedig iawn pan ddeallodd na châi e aros yng ngharfan y Scarlets am nad oedd Phil Davies am ei gadw, a buodd yn rhaid iddo fynd i Ffrainc. Fe ddes i 'mlaen yn dda iawn gyda Mike Phillips hefyd. Crwt swil iawn oedd e yn y dyddiau hynny, a digon tawel wrth ymuno â byd newydd iddo fe. Ma'r cof sydd 'da fi o gêm gynta Mike lot i neud â rhannu liffts, fel mae'n digwydd. Roedd rhaid i ni fynd lan i Gaeredin i chwarae a dyna chi ddangos yr amode teithio roedd yn rhaid i ni eu hwynebu fel chwaraewyr ar y pryd – lai na deng mlynedd yn ôl. Mynd lan i Gaeredin mewn un fflyd o *people carriers* wnaethon ni. Anodd credu nawr, ond fe wnaethon ni ddreifo'r holl ffordd lan ar y diwrnod cyn y gêm a dreifo 'nôl y diwrnod wedyn. Yn ein cerbyd ni roedd John Davies, Wayne Proctor, Stephen Jones a Mike Phillips ifanc iawn ar y pryd.

Tipyn o wefr oedd dechre gyda'r tîm cynta gan y byddwn i'n chwarae ochor yn ochor ag enwau mawr. Daeth y cyfle i wneud hynny dipyn yn gynt na'r disgwyl oherwydd anlwc i un o'n chwaraewyr ni. Cafodd Simon Easterby y newyddion drwg y bydde fe mas o'r gêm am naw mis oherwydd anaf difrifol i'w *achilles*. Dyna oedd y cyfle i fi gamu i mewn i'r tîm cynta. Yn llythrennol wrth fy ochor i yn y gêmau cynnar hynny roedd Scott Quinnell, chwaraewr dawnus sy'n eicon ar y Strade. Roedd Ian Boobyer ar y flaenasgell arall, ac mae ei enw e'n rhan o chwedloniaeth y Scarlets am ei fod e wedi rhoi yffach o gêm galed i Lawrence Dallaglio wrth chwarae yn erbyn Wasps. Gan iddo fod yn gymaint o feistr arno, doedd dim sôn am y seren o dîm Lloegr yn y gêm honno o gwbwl. Vernon Cooper a Tony Copsey oedd yr ail reng. Mae Vernon yn dal i chwarae i'r clwb ac wedi torri pob record o ran nifer ei ymddangosiadau. Sais ydi Copsey, ond fe gafodd ei gap i Gymru a hynny mewn ffordd lot anoddach nag y caiff pobl a anwyd tu fas i Gymru eu capiau heddi. Erbyn hyn gall rhywun nad ydi e wedi'i eni yng Nghymru fod yn gymwys i chwarae i'r wlad ar ôl byw yma am dair blynedd. Yn nyddiau Copsey a Rupert Moon roedd yn rhaid byw yng Nghymru am saith mlynedd cyn cael eich derbyn fel chwaraewr rhyngwladol Cymreig. 'Na beth yw aberth, whare teg, ac mor wahanol i'r dyddiau hynny pan aethon nhw ati i chwilio achau chwaraewyr o ben draw'r byd i weld oedden nhw'n gallu chwarae i Gymru!

Hefyd, rhan o'r wefr gynnar oedd y ffaith fod Wayne Proctor, Rupert Moon, Nigel Davies a Tony Copsey wedi chwarae i'r Scarlets yn y gêm arbennig honno yn erbyn Awstralia 'nôl yn '92! Nawr roeddwn i yn yr un tîm â nhw, yn rhannu lifft gydag un ohonyn nhw ac yn fy nhymor cynta yn rhannu stafell gyda Tony Copsey lan yn yr Alban. Dysges i lot am wisgi'r noson honno, ond 'nes i ddim etifeddu ei hoffter e o'r ddiod arbennig 'na!

Gêm gartre yn erbyn Pontypridd oedd y gêm gynta i fi ei chwarae i'r Scarlets. Gêm sbesial iawn, wrth gwrs, gan fod breuddwyd y crwt 12 oed yn cael ei gwireddu. Fe drodd yn fwy sbesial gan i fi sgorio cais hefyd! 'Na i gyd dw i'n ei gofio yw i fi sgorio yn agos at y pyst ar ochor y dre i'r cae. Dw i ddim yn cofio pwy arall oedd yn rhan o'r symudiad arbennig hwnnw na sut y gwnaeth e ddatblygu. Ni enillodd o 53 pwynt i 20. Braf iawn oedd darllen adroddiad ar y gêm y diwrnod wedyn am fod pwy bynnag sgrifennodd y darn wedi bod yn garedig iawn i fi. Wedi'r gêm honno fe chwaraeais i am y tymor cyfan. Ces i gyfle cynnar i chwarae mas yn Ffrainc, gêm yn erbyn Colomiers, a mas yn yr Eidal hefyd, gêm yn erbyn Roma, y ddwy gêm yng Nghwpan Ewrop.

Blas cynnar iawn i fi ar rygbi tu fas i Gymru oedd cystadleuaeth Cwpan Ewrop, ac mae dwy gêm yn erbyn Caerloyw yn y tymor cynta hwnnw yn aros yn glir yn y cof. Roedd y gêm gynta ar Barc y Strade ar ddiwrnod pan oedd hi'n bwrw glaw yn drwm. Dyna oedd fy mhrofiad cynta o gystadleuaeth Ewrop. Fe gollon ni mewn gêm agos iawn o 20 i 27. Anghofia i byth un o'u ceisiau nhw a ddaeth wedi'r *driving maul* hira i fi ei weld erioed dw i'n siŵr. Fe wthion nhw ni lan y cae am ryw 40 metr a sgorio. Ond roedd disgwyl i ni ennill gartre o leia a siom oedd methu gwneud hynny.

Canlyniad hynny oedd rhoi mwy o bwyse arnon ni yn y gêm bant yn Kingsholm, gan y bydde'n rhaid ei hennill i fynd drwodd i'r chwarteri. Erbyn hynny roedd pethe wedi datblygu rhywfaint yn y clwb o ran teithio, a lan mewn bws yr aeth y garfan. Wrth i ni dynnu i mewn i faes parcio'r stadiwm roedd y lle yn un môr o goch. I ddechre, roedden nhw'n chwarae mewn lliwiau ceirios a gwyn yn ôl eu harfer, ac roedd ffans y Scarlets yno hefyd yn eu cannoedd i'n cefnogi ni, a phawb yn gwisgo ein sgarlad ni. Cododd y bois er mwyn dechre gadael y bws. Ro'n i'n ishte yn y cefn, fi'n cofio, ond cododd Gareth Jenkins ar ei draed yn y tu blaen a gwneud arwydd arnon ni i gyd i ishte lawr. Wedyn rhoddodd arwydd i'r gyrrwr ac fe wnaeth e wasgu botwm y peiriant *cassette*. A dyma nodau cynta 'Hen Wlad fy Nhadau' yn llanw'r bws a phob un ohonon ni'n sefyll yn yr unfan ac yn dechre canu. Wel, 'na beth oedd emosiwn. Roedd ein hysbryd ar dân wrth inni godi'n bagiau a cherdded i mewn i'r stadiwm.

Am y rhan fwya o'r gêm roedden ni'n chwarae rygbi gwych. Sgoriodd Mark Jones ddau gais mewn gêm gyflym iawn â'r bêl yn fyw am gyfnodau hir iawn. Chwarae ar yr ochor agored 'nes i yn y gêm honno, Scott Quinnell yn wythwr a'r Americanwr Dave Hodges ar yr ochor dywyll. Doedd Caerloyw ddim yn ei chael hi'n hawdd cadw lan gyda ni o gwbwl, ond trobwynt y gêm oedd methiant un o'n symudiadau ni. Daliodd Vernon Cooper y bêl o'r ailddechre a hyrddio ar yffach o rediad lan y cae.

Tynnodd eu cefnwr nhw ato fe ac amseru ei bàs yn berffaith i'r dyn oedd wedi aros gydag e, sef y prop Martyn Madden. Roedd e yn y 22 erbyn hynny a'r llinell gais yn glir o'i flaen – ond fe adawodd i'r bêl gwympo o'i ddwylo a dyna ni, symudiad ar ben a chais sicr wedi'i golli. Roedd Martyn yn dipyn o gymeriad a synnen i ddim ei fod e'n meddwl sut y bydde fe'n dathlu ar ôl sgorio pan gwympodd y bêl o'i ddwylo.

Ar ddiwedd y gêm roedd sgarmes yn agos at ein llinell gais ni a'r mewnwr Andy Gomarsall yn derbyn y bêl ac yn mynd am gôl adlam a fydde'n rhoi'r fuddugoliaeth iddyn nhw yn y munudau ola. Anelodd am y pyst ac fe fwrodd y bêl gefn ein prop ni, Phil Booth, a chrafu dros y pyst. Ro'n i'n sefyll nesa at Phil pan ddigwyddodd hynny a dw i'n cofio'r siom o weld y bêl yn croesi gan sicrhau buddugoliaeth iddyn nhw o 28 i 27. Er gwaetha colli, ac roedd hynny'n ergyd drom, roedd e'n ddiwrnod a hanner, diwrnod sbesial iawn wrth weld cymaint o'n cefnogwyr ni lan 'na a gweithred Gareth ar y bws yn dangos bod angerdd yn rhan bwysig o'r gêm, yn enwedig i dîm fel y Scarlets.

Gan i mi chwarae naill ai pêl-droed neu rygbi bob penwythnos trwy gydol fy arddegau, doeddwn i ddim wedi arfer o gwbwl â dilyn clwb nac wedi sefyll ar y teras drwy bob tywydd i'w cefnogi. Fe ges i'r teimladau hynny wrth chwarae a gweld pa mor ffyddlon yw'r cefnogwyr i'r clwb a sylweddoli gymaint mae'r clwb yn ei feddwl iddyn nhw. Ma pobl yn dweud bod ffans y Scarlets yn unllygeidiog. Dy'n nhw ddim o gwbwl – mae eu dau lygad wedi'u hoelio'n gyfan gwbwl ar y Scarlets!

Y patrwm sefydlog yn ystod y tymhorau cynta hynny oedd gêmau yn erbyn Abertawe, Castell Nedd, Pen-y-bont ar Ogwr, Casnewydd, Caerdydd ac ati, gartre a bant, o wythnos i wythnos. Mae'r gêmau heddi lot yn fwy dwys, does dim amheuaeth am hynny. Ond falle fod mwy o densiwn i'r gêmau lleol hynny, oherwydd yr elyniaeth leol rhwng dwy dre gyfagos a'r hen hanes oedd i'r brwydrau. Eto i gyd, dw i'n credu bod rheswm arall hefyd. Pan o'n i wyneb yn wyneb â Colin Charvis neu Martyn Williams, er enghraifft, roedd pob un ohonon ni am gael gafael ar grys Cymru a'i droi yn eiddo parhaol i ni. Does dim byd fel cystadleuaeth fel 'na i roi tamed bach o awch yn y gêm.

Roedd hi'n gêm broffesiynol erbyn i fi ddechre go iawn, ond wnaeth popeth ddim newid ar yr un pryd. Yn ogystal â'r trafaelu blinderus i'r gêmau bant o gartre, fydden ni ddim yn cael cit ymarfer gan y noddwyr chwaith. Pawb i wisgo beth roedd e'n moyn fydde hi, a phob un yn edrych yn wahanol i'r llall. Crys Aberaeron fydden i'n ei wisgo fel arfer – un melyn a glas a shorts du. Roedd ambell un yn gwisgo cit hyfforddi Cymru, wrth gwrs, ond bydde pawb arall yn gwisgo pob math o ddillad. Mae'n siŵr 'mod i'n edrych yn rial *muppet*! Golwg amaturaidd iawn oedd arnon ni i gyd. Fe gymerodd sawl blwyddyn i bob lefel o'r gêm droi'n broffesiynol.

Un peth arall sydd wedi newid ers dechre'r cyfnod proffesiynol yw'r dulliau hyfforddi ac ymarfer. Roedd codi pwyse yn dechre dod yn rhan o'r cynllun hyfforddi. Ar y sgiliau rygbi'n benna ac ar ffitrwydd yn gyffredinol roedd y pwyslais mwya o bell ffordd, gyda'r codi pwyse yn rhan fach o'r darlun cyfan ar y dechre. Mae'r gêm wedi newid cymaint erbyn hyn. Daeth lot mwy o bwyslais ar amddiffyn a phatrymau amddiffynnol, felly mae'n rhaid cael chwaraewyr sy'n hollol ffit. Mae sesiynau codi pwyse yn rhan fwy amlwg o'n hamserlen ni a chaiff mwy o bwyslais ei roi ar bwyse. Mae tactegau'r gêmau yn fwy haearnaidd nag oedden nhw'n arfer bod. Bellach mae mwy o alw am gynyddu maint y corff er mwyn gallu amddiffyn yn dda ac ennill y bêl yn ardal y dacl ac yn y rycio. Bydd mwy o bwyslais hefyd ar ennill ffitrwydd yn y cyfnod reit cyn dechre tymor newydd.

Un canlyniad i hyn i gyd, heblaw am y dulliau o chwarae, yw bod mwy o anafiadau yn digwydd ar y cae yn y cyfnod ers i'r pwyslais newid. Dw i ddim yn gweld sut ma modd dadlau nad yw hynny'n wir. Mae'n gwbwl amlwg i fi, ac yn berthnasol i fi'n bersonol hefyd.

Oherwydd bod y sesiynau hyfforddi'n digwydd yn amlach ac yn fwy dwys erbyn hyn, mae lot mwy o bwyslais ar bwysigrwydd yr amser sbâr a gawn ni. Mewn gwirionedd, nid amser sbâr yw e, ond cyfle i ddod dros yr ymarfer. Fe ddyle hynny fod yn gymaint rhan o'r cynllun ymarfer â'r ymarfer ei hunan. Mae gorffwys yn rhywbeth gweithredol, positif i fod, nid jyst cyfnod o wneud dim byd. Yn amlwg, mae hynny'n holl bwysig ond dyw e ddim mor rhwydd am sawl rheswm. I fi, roeddwn yn ei ffeindio hi'n anodd iawn i orffwys am 'mod i y math o berson sy'n gorfod gwneud rhywbeth drwy'r amser. Fel 'na ces i fy magu a dyw bod yn segur ddim yn dod yn rhwydd. Roedd yn rhywbeth y buodd yn rhaid i fi ei ddysgu. Er mwyn achub cam John Davies ar ôl tynnu ei goes am ei ddiffyg prydlondeb, rhaid dweud ei fod e'n weithiwr caled iawn ac yn cynnal fferm yn ogystal â chwarae rygbi'n broffesiynol. Ond wrth i lot o'r bechgyn ifanc ddod trwodd ar hyn o bryd, dw i'n sylweddoli nad oes dim byd ganddyn nhw i droi ato heblaw am rygbi. Beth wnân nhw ar ôl eu dyddiau yn chwarae rygbi, does gen i ddim syniad.

Yr ail reswm pam ei bod hi'n anodd trefnu ein hamser sbâr yw bod lot mwy o alw arnon ni erbyn hyn fel chwaraewyr rygbi proffesiynol gan fod gofyn i ni wneud 'ymddangosiadau' fel rhan o'n gwaith. Mae'r rheiny'n amlwg yn cael eu rheoli'n llym gan reolwr y tîm, sef Garan Evans yn achos y Scarlets, ond dyw pawb ddim wastad yn deall hynny. Os na fyddwn ni'n hyfforddi, dyw hynny ddim yn golygu ein bod ni ar gael i wneud beth bynnag ma pawb ishe i ni wneud. Roeddwn i wrth fy modd yn gwneud y pethe ychwanegol, fel gwneud gwaith ar y teledu neu fynd i ryw ddigwyddiad, ond roedd yn rhaid cadw rheolaeth ar hynny hefyd.

Y patrwm ar y pryd oedd y bydde'r bois yn hyfforddi ar ddydd Llun a dydd Mawrth ac yn cael tair sesiwn y dydd. Bydde sesiwn codi pwyse yn y bore, sgiliau uned yn y prynhawn – sef y blaenwyr gyda'i gilydd a'r cefnwyr gyda'i gilydd – ac wedyn y tîm i gyd gyda'i gilydd. Yr un peth ar y dydd Mawrth hefyd, ond pe bai'r blaenwyr wedi canolbwyntio ar y sgrym ar y dydd Llun, bydden ni'n rhoi sylw i'r lein ar y dydd Mawrth. Dydd Mercher fydde'r diwrnod bant wedyn ac yna, pan fydde gêm ar nos Wener, bydde'n rhaid dadansoddi fideo ar y dydd Iau. Os taw ar ddydd Sadwrn fydde'r gêm, dydd Llun fydde'r diwrnod bant a'r holl ymarferion yn cael eu symud 'mlaen un diwrnod.

Mae rhyw elfen o ddadansoddi fideo wedi bod yng nghlwb y Scarlets ers blynyddoedd mawr ond mae wedi datblygu'n sylweddol erbyn hyn. Does dim lle i gwato yn y sesiynau hyn. Byddwn ni'r chwaraewyr i mewn yno yn yr ystafell yn edrych ar y gêm gyda'n gilydd. Bydd hynny'n cynnwys gwrando ar sylwadau'r hyfforddwyr ar ambell agwedd ar chwarae un o'r chwaraewyr eraill ac mae pawb yno i glywed yr hyfforddwr yn gwneud sylw am eich chwarae chi. Ond gêm i dîm yw hi ac fel'na dyle pethe fod. Y dyddiau gwaetha i fi o ran dadansoddi fideo oedd bod mewn stafell fach o dan y stand yn y Strade gynt. 'Na beth oedd sesiynau dwys. Roedd y siarad lot yn fwy plaen bryd hynny, ddim hanner mor dechnegol â heddi, ac roedd y stafell fach yn gwneud pethe damed bach yn fwy twym! Yn y dyddiau hynny bydde Gareth Jenkins yr hyfforddwr a Nigel Davies ei gynorthwyydd yn ishte i wylio'r gêmau yn y stand gyda'r ffans heb yr un gliniadur o'u blaen, nac o flaen unrhyw un arall chwaith. Roedd lot mwy'n dibynnu ar eu greddfau a'u synhwyrau. O ganlyniad, roedden nhw'n gallu cael ambell beth yn anghywir. Anodd dweud pa system neu ba gyfnod sydd orau. Gan fod pethe'n cael eu dadansoddi mor fanwl mae'r gêm wedi newid, er bod rhyw duedd 'da fi i feddwl bod pethe'n cael eu chwalu'n rhy fân erbyn hyn wrth ddibynnu cymaint ar y dechnoleg wrth hyfforddi.

\* \* \*

Wrth i dymor 2002/3 ddod i ben roeddwn yn gwbod bod newidiadau ar droed yn strwythur rygbi yng

Nghymru. System y rhanbarthau oedd o'n blaen ni ar gyfer y tymor wedyn, a'r siarad cynnar oedd y bydde'r Scarlets ac Abertawe yn gorfod uno i greu un rhanbarth. Gallwch ddychmygu pa mor boblogaidd oedd hynny ar y Strade! O'r eiliad y clywyd yr awgrym, roedd pawb oedd yn gysylltiedig â'r clwb ar bob lefel bosib yn gwbwl bendant na fydde hynny'n digwydd. Doedd y syniad o uno â'r hen elyn ddim yn gwneud unrhyw sens o gwbwl ac roedd nifer yn credu am sbel taw jôc oedd y cyfan. Doedd hynny ddim yn wir. Nid yn unig roedd yna ddiffyg awydd i uno â nhw, ond yn fwy cadarnhaol, roedden ni'n gwbwl argyhoeddedig na ddyle'r Scarlets golli eu hunaniaeth fel rhanbarth ac y dylen ni fod ar ein pen ein hunain. Roedd ein holl hanes a'n treftadaeth yn dangos yn glir mai'r Scarlets yw'r Scarlets a dyna ni. Roedden ni'n sicr yn ddigon da i aros ar ein pen ein hunain, gan inni'r tymor cynt ennill y Bencampwriaeth Geltaidd. Roedd ein record yn Ewrop yn well na chlybiau eraill Cymru, ac ar ben hyn i gyd gallen ni ychwanegu ein record yn erbyn timau a fu ar daith o wledydd ar draws y byd. Pam ddyle clwb arall fanteisio ar y llwyddiant hwnnw? Onid y Scarlets hefyd yw'r rhanbarth sydd yn gwasanaethu trwch y boblogaeth yng Nghymru sy'n siarad Cymraeg? I fi, roedd hynny'n ffactor holl bwysig. Mae'r iaith yn rhan o'n treftadaeth a'n hunaniaeth ni. Nid dim ond fi oedd yn credu hynny ar y pryd; roedd yn farn gyffredinol, hyd yn oed ymhlith y rhai nad oedden nhw'n siarad yr iaith.

Galwyd cyfarfod o bawb oedd yn rhan o'r clwb er mwyn datgan y bydden ni'n ymladd y cynlluniau i uno ac yn dadlau dros yr hawl i sefyll ar ein pen ein hunain. Fel chwaraewyr, roedd 'da ni hyder yng ngallu'r rhai fydde'n brwydro ar ein rhan ac roedden ni'n hyderus y bydden ni'n ennill. Falle fod y geiriau yna'n swnio'n ymffrostgar i bobl eraill, ond hyder oedd 'da ni a balchder naturiol, iach yn yr hyn oedden ni. Diolch byth, fe enillon ni'r frwydr honno ac fe ddechreuodd tymor 2003/4 a ninne'n chwarae fel Scarlets Llanelli. Unodd Abertawe â Chastell Nedd yn y diwedd i greu rhanbarth y Gweilch. Dyna'r gofid mwya i ni yn ddi-os yn ystod y cyfnod yna o newid. O'n safbwynt ni'r chwaraewyr, wnaeth y newid ddim gwahaniaeth ar y cae. I ni, yr unig wahaniaeth mewn gwirionedd oedd yn y timau roedden ni'n chwarae yn eu herbyn.

Un siom yn y cyfnod yna o newid i fi oedd nad ymunodd Lloegr yn yr un gynghrair â thimau'r gwledydd Celtaidd. Fe fydde wedi bod yn well petai clybiau Lloegr wedi bod yn rhan o'r patrwm gêmau yn lle dewis cadw draw. Ond chwarae gêmau yn erbyn timau o Iwerddon a'r Alban wnaethon ni, ac mae'r gynghrair wedi datblygu a chryfhau ers y flwyddyn gynta honno.

Yn erbyn un o dimau'r Alban ro'n i'n chwarae pan sgories un o'r ceisiau gorau i fi ei sgorio erioed. Ie, a dyna'r cais ola i fi ei sgorio. Glasgow oedd y gwrthwynebwyr ac roedden ni lawr ar Barc y Scarlets, ein cartre newydd ni. Roedd sgarmes ar y 22, codes y bêl, a 'mlaen â fi at y llinell. Fe 'nes i ochorgamu, yna ochorgamu unwaith eto ac wedyn y drydedd waith cyn rhedeg yn glir at y llinell a thirio'r bêl. Mae'n siŵr y bydde Phil Bennett yn wên o glust i glust yn y stand wrth weld hynny! Mae'n anodd penderfynu, ond falle fod hwnnw'n well hyd yn oed na'r cais sgories i yn erbyn Penweddig pan chwaraeais i fel maswr 'nôl yn nyddiau'r ysgol! Od meddwl nawr taw hwnnw oedd y cais ola i fi ei sgorio. 'Sneb yn gwbod sut ma pethe'n troi mas, o's e?

Yn ystod y blynyddoedd hynny, ar ddiwrnod gêm, weithie bydde un person yn dod i mewn i'r stafell newid cyn y gêm er mwyn dweud gair bach wrthon ni i gyd. Bydde llywydd y clwb, neu Grav fel roedd pawb yn ei nabod, yn galw'n aml. Roedd e'n gallu ennill gêm i ni heb fynd ar y cae. Fe ddes i werthfawrogi dull Gareth Jenkins cyn y gêm ac roedd e'n feistr yn ei ffordd ei hun, ond eto roedd ymweliadau Ray yn rhai sbesial. Dw i'n gwbod 'mod i'n berson emosiynol beth bynnag, ond fan'na, mewn stafell newid cyn gêm o rygbi gyda phedwar dyn ar ddeg arall yn eu cit Scarlets, roedd ambell air gan Ray yn neud i fi lefen yn y fan a'r lle ac ro'n i'n mynd mas ar y cae yn aml â'r dagrau yn dal yn fy llygaid. Bydde fe'n egluro beth roedd y Scarlets yn ei olygu iddo fe'n bersonol, i'r dre ac i'r ardal ac yna'n gofyn i ni chwarae er mwyn y dre, yr ardal, y traddodiad a thros ein teuluoedd ni ein hunain. Mae'r gwallt yn codi ar gefn fy ngwddwg i nawr wrth ysgrifennu'r geiriau hyn ar bapur! Ambell waith bydde Ray yn dod lan ata i cyn gêm, yn cydio yn fy mraich yn dynn ac yn edrych i fyw fy llygaid. Doedd dim ishe iddo fe ddweud gair ar yr adegau hynny, roedd yr angerdd yn ei lygaid yn ddigon. Mas â fi i'r cae wedyn yn teimlo fel cawr.

# 7

# Gwlad! Gwlad!

RHAN O RAMANT Llanarth i fi, wrth gwrs, yw cael y cyfle yno i fwynhau bywyd cefn gwlad. Ond mae'n gefn gwlad sydd wedi'i leoli ar lan y môr ac mae hynny'n ei wneud e'n well byth. Mae mynd am dro ar draeth Cei Bach yn fwynhad llwyr ac yn ddiléit ar unrhyw adeg o'r flwyddyn ac ym mhob tywydd. Dyna ble bydden i'n mynd i redeg hefyd, ar hyd y tywod yng nghysgod y bryniau. Beth bynnag oedd y rheswm dros fynd yno, roedd wastad cwmni 'da fi, sef Sam y ci. Mae e 'da fi ers pan oedd e'n gi bach iawn ac mae'n 14 oed erbyn hyn. Ar y traeth yna ro'n i ym mis Hydref 2002 yn mynd â Sam am dro. Canodd y ffôn a rheolwr tîm Cymru, Alan Phillips, oedd yn siarad.

'You're in the squad for the autumn internationals, Daf.'

Roeddwn wrth fy modd ac wedi cyffroi'n llwyr. Mae'n siŵr nad oedd 'da Sam y ci ddim cliw beth ar y ddaear oedd yn bod arna i. Yn gynharach y flwyddyn honno roeddwn wedi cael fy newis yn aelod o'r garfan o dan yr hyfforddwr Graham Henry ar gyfer gêmau'r Chwe Gwlad, ond ches i ddim chwarae na bod ar y fainc chwaith. Dwy gêm i Gymru 'A' ges i'r tymor hwnnw. Erbyn yr alwad ffôn ar y traeth roedd Henry wedi gadael a Hansen bellach yn hyfforddwr. Y gêm gynta yng nghyfres yr hydref y flwyddyn honno, a'i gêm gynta fe fel hyfforddwr, oedd yn erbyn Romania ar y Cae Ras yn Wrecsam. Enillodd Gethin Jenkins a Sonny Parker eu capiau cynta'r diwrnod hwnnw ond roedd yn rhaid i fi aros ychydig bach yn hirach am fy nghap cynta i. Enillodd Cymru o 40 pwynt i 3 ond roedd yr hyfforddwr a'r chwaraewyr i gyd yn gwbod taw perfformiad digon gwantan oedd e mewn gwirionedd a doedd neb yn fodlon iawn. Ar ddiwedd y gêm daeth Steve Hansen ata i a dweud,

'It's a big week for you next week.'

Doedd gen i ddim syniad beth oedd ystyr hynny.

'You're starting next week against Fiji.'

Fy ymateb hyd yn oed wedi hynny oedd gofyn i fi fy hunan, 'Glywes i hwnna'n iawn neu beth?'

Mae'n amlwg nad oedd e'n hapus â rhywbeth roedd e wedi'i weld yn ystod y gêm yn erbyn Romania ac i mewn â fi. Roedd gen i wythnos i baratoi yn gorfforol ac yn feddyliol ar gyfer fy ngêm gynta dros Gymru. Ces i wythnos galed wrth ymarfer lawr yng ngwesty'r Vale a rhoddes i'n holl galon a'n enaid i mewn ynddo. Erbyn cyrraedd Caerdydd roedd cynllun y gêm yn gwbwl glir yn fy meddwl gan i fi gael fy nhrwytho ynddo drwy'r wythnos. Roedd Mark Jones, Stephen a Dwayne wedi ennill sawl cap yn barod, felly roedd yn grêt i fod yn yr un tîm â'r tri oedd wedi bod yn chwarae ar y Strade o'r dechre 'da fi. Roedd hynny hefyd yn sicr yn help mawr i fi ennill hyder.

Colin Charvis oedd y capten y diwrnod hwnnw. Mae'n amhosib disgrifio'r teimlad o gerdded mas ar y cae ar gyfer y gêm gynta 'na. Roedd canu'r anthem ar fws y Scarlets yng Nghaerloyw yn ddigon emosiynol, ond roedd ei chanu yng Nghaerdydd ar achlysur fy nghap cynta yn brofiad gwahanol eto. Enillon ni'r gêm yn eitha rhwydd, o 58 i 14, a sgoriodd Stephen 21 o bwyntiau.

Ro'n i ar dân drwy'r gêm, ac erbyn diwedd y gêm fi oedd y prif daclwr, prif gariwr y bêl a fi oedd wedi ennill y bêl amla yn y leiniau. Dechre digon boddhaol felly. Whare teg, mae Stephen Jones yn dal i sôn am hynny ac yn dweud na fydd e byth yn anghofio sut chwaraeais i'r diwrnod hwnnw gan ychwanegu 'mod i wedi gwneud cymaint o waith. Diolch Steve!

Ces fy newis wedyn ar gyfer y gêm yn erbyn Canada yr wythnos ganlynol. Fi, Martyn Williams a Colin Charvis oedd y rheng ôl, a Michael Owen a Scott Quinnell ar y fainc. Dyna pryd y cafodd chwaraewr ail reng y Scarlets, Vernon Cooper, ei gap cynta – un o saith o Scarlets oedd yn nhîm Cymru'r diwrnod hwnnw. Mae un peth anarferol arall ynglŷn â'r gêm yna, sef cais gan Robin McBryde! Cymru enillodd unwaith eto, o 32 pwynt i 21.

Ond roedd y gêm yn nodedig am reswm arall hefyd. Dyna oedd gêm ryngwladol ola Scott Quinnell. Roedd e wedi chwarae yn erbyn Romania yn Wrecsam, ond ddim yn erbyn Fiji. Roedd ar y fainc ar gyfer gêm Canada ond tybed a fydde fe'n dod ar y cae i ennill ei gap ola neu beidio? Pe bydde fe'n gwneud hynny, pwy fydde'n mynd bant o'r cae i wneud lle iddo? Ie, fi wrth gwrs. Dw i'n cofio'n glir cerdded oddi ar y cae a gweld Scott yn dod 'mlaen a theimlo'n drist tu hwnt. Roeddwn wedi fy siomi'n fawr na fydden i ar y cae ar ddiwedd gêm ola Scott. Bydden i wedi rhoi unrhyw beth i fod yn sefyll wrth ei ochor pan aeth y chwiban ola ar ei yrfa ryngwladol anhygoel. Rhyw fath o gysur oedd gwbod taw fi adawodd y cae er mwyn iddo fe allu dod 'mlaen i orffen ei yrfa a hynny o flaen torf fawr yng Nghaerdydd. Mae gen i ddyled aruthrol i Scott. Pan oeddwn yn grwt ifanc yn dechre gyda'r Scarlets, bydde fe o hyd yn siarad â fi ar y cae ac yn dweud wrtha i lle i fynd, beth i'w wneud, fy annog, fy nghynghori a'n herio i drwy'r amser. Fe chwaraeodd e ran fawr a phwysig yn y broses o 'nghreu a'n mowldio i fel chwaraewr.

Yr wythnos ganlynol roedd y gêm fawr yn erbyn y Crysau Duon, yr un y cyfeiries i ati yn y bennod gynta. Dw i ddim yn cofio i fi fod yn fwy nerfus ar gyfer y gêm honno, er taw'r Crysau Duon oedden nhw. Wrth gwrs, roedd ishe paratoi yr un mor drylwyr ag arfer. Roeddwn i'n ifanc ac yn barod i herio'r byd! Ond roedd un gwahaniaeth amlwg wrth wynebu'r Crysau Duon ar y cae yn lle eu gweld ar y teledu, sef eu dawns ryfel cyn dechre pob gêm, yr Haka enwog. Bob tro bydden i'n gweld yr Haka ar y teledu bydde'n codi gwallt 'y mhen i ac yn hala pinne bach drwy'r corff. Ond, wyneb yn wyneb ar y cae, chafodd e ddim effaith arna i o gwbwl! Dim hyd yn oed yn y gêm gynta'n deg yn eu herbyn. Digon rhwydd oedd sefyll yno a gweld yr olygfa heb deimlo unrhyw fraw a heb iddi greu dychryn. Dw i ddim yn gwbod a ydi hynny'n wir oherwydd bod 70,000 o bobl yn y stadiwm a bod hynny'n boddi lot o'r sŵn. Falle taw dyna oedd y rheswm pam na chafodd yr

Haka effaith arna i o gwbwl pan chwaraeais i mewn gêmau yn erbyn Seland Newydd.

Soniais eisoes am un digwyddiad enwog pan benderfynodd tîm Cymru ddangos yn gwmws beth oedden ni'n ei feddwl o'r ddawns drwy gyfrwng yr hyn a alwyd gan y cyfryngau yn 'stand-off' mewn gêm yn eu herbyn yng Nghaerdydd yn 2008. Trwy gydol yr wythnos cyn y gêm honno bu trafodaeth o bryd i'w gilydd ar sut y dylen ni ymateb i'r Haka. Roedd awydd gwneud rhywbeth penodol er mwyn dangos nad oedd e'n golygu dim i ni. Yr eironi mwya yw taw'r hyfforddwr o Seland Newydd, Warren Gatland, awgrymodd y dylen ni neud rhywbeth yn y lle cynta. Roedd ganddo sawl syniad, ond y 'stand-off' gafodd ei ddewis yn y diwedd. Doedd ambell un yn nhîm Cymru ddim yn awyddus i wneud hynny, ond roedd y mwyafrif o blaid. Cyngor Gats i ni cyn herio'r Haka oedd ailadrodd yn Gymraeg rywbeth yr oedd wedi'i ddysgu'n bwrpasol mae'n amlwg, sef 'Dal dy dir! Dal dy dir!' Doedden ni, felly, ddim i fod i symud modfedd wedi i'r ddawns orffen.

Wrth baratoi i fynd ar y cae roeddwn i'n sefyll wrth ymyl y dyfarnwr, Wayne Barnes, ac roedd yntau'n dweud ei ddweud ynglŷn â dwylo yn y sgarmesi ac ati.

'Make sure you shout loud enough then!' oedd fy ateb i iddo.

Wedi i ni sefyll i wynebu'r Haka fe ufuddhaodd pawb ohonon ni i'r gorchymyn a gawson ni cyn y gêm i beidio â symud modfedd. Dechreuodd un neu ddau o'r Crysau Duon symud yn ôl yr arfer, ond wrth iddyn nhw sylweddoli beth oedd yn digwydd daethon nhw 'nôl i sefyll.

Yr ysgol
fawr

Dal fy nhir!

Pwy sy'n gofyn am lofnod pwy?

Dechrau llwyddo

W! Capten, dan ofal Geraint Hughes wrth gwrs!

Yn erbyn Iwerddon, Chwe Gwlad 2003

Un o'r brwydrau gyda Richie McCaw

Herio De Affrica, Caerdydd, 2004

Cefnogi'r Shane ifanc yn yr ail brawf yn erbyn yr Ariannin, 2004
(Lluniau: Huw Evans Agency)

Mynd heibio Mathew Tait
yn Chwe Gwlad 2005

Trio mynd trwy wal ddu!

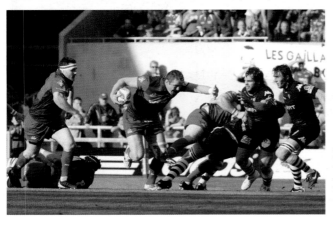

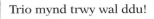

Roedd y Scarlets
wastad ar eu gore
yng Nghwpan
Ewrop
(Lluniau: Huw Evans Agency)

Fy nghap cynta
yn erbyn Fiji,
2002

Yn erbyn yr Alban,
Chwe Gwlad 2003

Brian O'Driscoll a Gordon D'Arcy
ar fy ôl, Chwe Gwlad 2004
(Lluniau: Huw Evans Agency)

Chwarae yn erbyn Seland Newydd
am y tro cynta, Tachwedd 2002

Wal o sgarlad
(Llun: Ian Williams)

Brwydr arall gyda McCaw

Mas o'r ffordd, Montgomery!
(Lluniau: Steve Pope)

Rob Howley yn cadw
llygad manwl arna i
wrth iddo hyfforddi gyda
thîm Cymru

Jon Davies a fi yn
dathlu ar ddiwedd y
gêm yn erbyn yr Unol
Daleithiau, 2009

Becso ble ma'r
bêl!

Y Scarlets
yn erbyn y
Saraseniaid,
2007
(Lluniau: Huw Evans
Agency)

## Bylchu ar y Strade

(Lluniau: Ian Williams)

Caru curo Lloegr ar ddydd San Ffolant 2009

(Llun: Huw Evans Agency)

Ar y flaenasgell

Un o'r brwydrau yn
erbyn Northampton,
Franklin's Gardens,
2008
(Lluniau: Huw Evans Agency)

Y cais yn erbyn yr Eidal,
Cwpan y Byd 2003… a'r
dathlu wedyn!
(Lluniau: AP)

Cais yn erbyn
Romania, 2004

Ymarfer yn
Westford
High School,
Capetown

Yng nghysgod Table Mountain, De Affrica

Ryan Jones a fi yn hyfforddi clwb rygbi'r Crusaders, Toronto yn ystod taith 2009

Y diwrnod mawr!

Ar falconi Tŷ'r Arglwyddi,
Mawrth 2011

Y pedwar ohonon ni,
Lynwen, Jac, fi a Lili-Ela

Ar grwydr gyda'r plant

Côr o gewri yn Llety Parc – Gareth Jenkins, Scott Quinnell, Derek Quinnell, Phil Bennett, Matthew Rees, Stephen Jones, Barry Davies

Dechre ymlacio!

Chwe Jones i Gymru!
(Llun: Huw Evans Agency)

Cinio tysteb, Ebrill 2011 gyda chanolwr y Scarlets a Chymru, Jonathan Davies

Gyda dau Lew ar yr un noson

Jones yw'r enw, Dafydd Jones

Diwedd y gêm ar Barc y Scarlets yn erbyn Brive, diolch am y gefnogaeth
(Llun: Huw Evans Agency)

Yr hen elyniaeth, y Scarlets yn erbyn y Gweilch, 2006
(Lluniau: Ian Williams)

Cais yn erbyn Glasgow yn 2009, fy nghais ola

Brawdgarwch

(Lluniau: Huw Evans Agency)

Dweud ffarwél, Parc y Scarlets, 15 Ionawr 2011

(Lluniau: Ian Williams)

Daeth Wayne Barnes aton ni a dweud bod yn rhaid i ni symud ond wnaeth neb gyffro'r un fodfedd. Roedd sŵn y dorf yn fyddarol, ac wrth iddyn nhw ddeall beth oedd yn digwydd trodd y stadiwm yn fflachiadau o oleuadau camerâu, degau ar filoedd o fflachiadau yn symud rownd y stadiwm fel *Mexican wave*. Roedd yn olygfa anhygoel a dw i erioed wedi teimlo'r fath sŵn na'r fath wefr yn Stadiwm y Mileniwm. Wedi'r gêm, teimlwn fod gan y Crysau Duon ryw barch tawel tuag aton ni am feiddio herio eu dawns ryfel draddodiadol.

Y newid mwya i fi ar y lefel ryngwladol oedd y ffaith fod yn rhaid i fi ddelio â'r dorf. Y gwahaniaeth mwya i fi fel chwaraewr oedd, yn syml, nad oedd hi bellach yn bosib clywed galwadau fy nghyd-chwaraewyr. Yn y gêmau yn erbyn Fiji a Chanada, dim ond ychydig dros 30,000 oedd yn Stadiwm y Mileniwm, llai na hanner llawn felly. Ond roedd clywed y galwadau'n broblem yn y gêmau hynny hyd yn oed. Yn y leiniau, roedd rhyw fath o obaith darllen gwefusau y bachwr oedd yn taflu i mewn, neu'r mewnwr. Ond yn y chwarae rhydd, pan fydde cyd-chwaraewr yn galw rhyw symudiad penodol o'r tu ôl doedd dim gobaith caneri i'w ddeall. Canlyniad hyn oedd bod yn rhaid defnyddio greddf a theimlad wrth chwarae ar y lefel ryngwladol. Mae'n amlwg bod y fath beth â phatrwm a chynllun gêm yn bodoli ond roedd ei weithredu ar y cae lot yn anoddach nag y bydde fe mewn gêm glwb. Caiff symudiadau eu galw ar y cae hyfforddi, wrth gwrs, felly rydyn ni'n gyfarwydd â'r hyn ddylen nhw fod, ond yng ngwres y frwydr caiff hynny ei anghofio. Rhaid cadw llygad ar yr onglau y bydd chwaraewyr eraill yn eu rhedeg ac ymateb iddyn nhw er mwyn penderfynu ble i fynd nesa, a rhaid synhwyro bod rhywun yn dod o'r tu ôl heb droi i edrych na'i glywed!

Doedd fy mhrofiad cynta i o chwarae yng nghystadleuaeth y Chwe Gwlad ddim yn un dymunol o bell ffordd. Fe ddechreuodd pethe'n wael ac fe aethon nhw'n waeth. Wrth gwrs, teimlwn falchder o fod yn aelod o garfan Cymru unwaith eto ar ôl gêmau'r hydref. Ond doedd y gêmau eu hunain ddim yn bleser. Yr Eidal oedd ein gwrthwynebwyr cynta, mas yn Rhufain, y diwrnod ar ôl dydd San Ffolant. Ond doedd dim byd rhamantus am yr ornest yn eu herbyn. Colli wnaethon ni a hynny am y tro cynta erioed. Des i 'mlaen fel eilydd pan adawodd Colin Charvis y cae, ac yntau'n gapten Cymru y diwrnod hwnnw. Os nad aeth pethe'n dda i Colin ar y cae, roedden nhw ar fin gwaethygu yr eiliad y camodd oddi arno. Eisteddodd ar y fainc ar ochor y cae a chynnig gwên lydan i'r camerâu. Wel, os do fe! Llwyddodd i ennyn dicter a chasineb holl genedl y Cymry. Roedd pawb yn credu iddo bechu'n anfaddeuol wrth wenu tra bod Cymru'n colli, ac yntau'n gapten ar ei wlad hefyd.

Cafodd ei ddisgyblu yn syth gan Steve Hansen, hyfforddwr Cymru, trwy golli'r gapteniaeth ar gyfer y gêm nesa. Yn ychwanegol at hynny, cynhaliwyd pôl piniwn yng Nghymru yn dilyn y gêm yn gofyn pwy oedd y dyn roedd y Cymry yn ei gasáu fwya. Ar ben y rhestr roedd Saddam Hussein, yn ail Colin Charvis ac yn drydydd Osama Bin Laden! Capten rygbi Cymru wedi'i osod rhwng dau unben fu'n gyfrifol am derfysgaeth, gormes a phoenydio ar raddfa eang. Os oes ishe arwydd o ddylanwad rygbi yng Nghymru a pha mor ddwfn mae'r gêm wedi treiddio i'n hanian ni, yna dyna'r enghraifft orau bosib, os gorau hefyd. Dw i'n sicr wrth osod Colin Charvis yn ail bod y pôl piniwn yn dweud mwy am y bobl a lenwodd yr holiadur nag mae'n ei ddweud am gapten tîm Cymru. Cyn hir roedd Colin yn ôl yn gapten Cymru, ac erbyn 2007 roedd e wedi torri record y byd am y nifer o geisiau a sgoriwyd gan flaenwr wrth iddo sgorio ei ail gais ar hugain i Gymru yn erbyn De Affrica yng Nghaerdydd.

Ar ôl gêm yr Eidal aeth pethe o ddrwg i waeth. Fe gollon ni yn erbyn pob tîm arall yn y gystadleuaeth, a'r gêm fwya rhwystredig oedd honno yn erbyn Iwerddon yng Nghaerdydd, ein pedwaredd gêm yn y gystadleuaeth. Oherwydd pwyse'r wythnosau blaenorol fe aeth Steve Hansen â ni bant o westy'r Vale, ein pencadlys arferol, a thrwy hynny ein symud oddi wrth sylw a phwyse'r cyfryngau. Fe aethon ni i westy St Brides yn Saundersfoot a chael wythnos o baratoi cwbwl wahanol i'r arfer. Roedd yr awyrgylch yn fwy anffurfiol a mwy o gyfle i ni ymlacio fel carfan. Fe aethon ni mas gyda'r nos i gael pryd o fwyd ac ambell beint hyd yn oed.

Roedd gobaith curo'r Gwyddelod gan ein bod ni ar y blaen wrth i'r gêm ddod at ei therfyn. Ond fe wnaeth gôl adlam gan Ronan O'Gara dorri ein calonnau reit ar y diwedd ac fe gollon ni o 25 i 24 er i ni sgorio mwy o geisiau na nhw.

Yr wythnos ganlynol fe gollon ni'n drwm i Ffrainc, 33-5. Beth bynnag am y canlyniad, anghofia i byth y profiad o chwarae yn Stade de France yn Paris. Crwt bach o orllewin Cymru o'n i, a phwy fydde'n meddwl y bydden i'n chwarae yn y fath le? Fel'na ro'n i'n teimlo beth bynnag. Roedd chwarae yn Murrayfield yng Nghaeredin a chlywed y gynnau mawr yn tanio wedi bod yn brofiad arbennig, ond roedd chwarae yn Paris yn brofiad mwy arbennig byth! Rwy'n cofio'r awyrgylch carnifal a sŵn di-stop yn y stadiwm o ddechre'r gêm hyd y diwedd.

Pencampwriaeth Lloegr oedd hi'r flwyddyn honno, yr un ola iddyn nhw ei hennill cyn cipio'r bencampwriaeth eleni, yn 2011.

Bues i'n ddigon lwcus i fod yng ngharfan Cymru am sawl tymor – yng ngêmau'r hydref 2002, Chwe Gwlad 2003 a 2004 a gêmau'r hydref 2004 – felly ro'n i'n aelod parhaol o garfan Cymru. Fe es i hefyd gyda Chymru i gystadleuaeth Cwpan y Byd yn 2003.

Profiad arall oedd chwarae mewn gêmau prawf ar daith gyda Chymru ac fe wnes i hynny yn 2004 wrth fynd i'r Ariannin a De Affrica, taith gynta Mike Ruddock. Roedd y gêm gynta mas mewn lle dienaid o'r enw Tucumán. Cae gwarthus, stadiwm ofnadwy ac fe gymerodd oriau i ni gyrraedd yno. Ches i mo'n newis ar gyfer y gêm honno, gan i Mike ddewis rhoi cap cynta i Jason Forster. Collodd Cymru 50-44. Roeddwn i 'nôl yn y tîm ar gyfer y gêm yr wythnos ganlynol ym mhrifddinas y wlad, Buenos Aires. Un o gêmau disglair Shane oedd honno, ac fe sgoriodd dri chais yn yr hanner cynta a ni enillodd 35-20.

Fe rannes i stafell yn Buenos Aires gydag un o gyn-aelodau clwb y liffts o Halfords Caerfyrddin, sef Barry Davies. Roedd ar y fainc ar gyfer y gêm, gan i Gavin Henson gael ei ddewis yn gefnwr. Sgoriodd Henson bedair gôl gosb a throsi pedwar cais. Yn y bar y noson ar ôl y gêm roedd Gavin damed bach yn rhy llawn o fe ei hunan ac fe drodd at Barry a dweud wrtho nad oedd e'n amlwg yn ddigon da i chwarae fel cefnwr i Gymru gan ei fod e, Henson, yn well nag e hyd yn oed mewn safle na fydde fe prin byth yn chwarae ynddo. Dechreuodd wawdio Barry, gan greu tipyn mwy o *banter* nag sy'n arferol rhwng chwaraewyr. Fe aeth yn bersonol a dweud y gwir, a doedd Barry ddim am gymryd rhagor ganddo. O ganlyniad cododd tamed bach o ffracas rhwng y ddau ac mae'n rhaid dweud i Barry ei sortio fe mas yn deidi y noson honno! Dyw hynny ddim yn natur Barry, ond roedd e wedi cael digon. Yna fe aeth y tîm 'mlaen i Dde Affrica a chwarae un gêm brawf yno.

Daeth rhediad fy ngêmau dros Gymru i ben yn gynnar yn 2005. Lloegr oedd y gwrthwynebwyr. Ddylen i ddim bod wedi mynd ar y cae yn y lle cynta a dweud y gwir, ond fe 'nes i mewn gêm arbennig iawn gan ddechre cyfnod arbennig iawn i Gymru. Roedd y gêm yng Nghaerdydd ac yn un agos iawn. Fi, Michael Owen a Martyn Williams oedd y rheng ôl a Gareth Thomas oedd y capten. Jason Robinson oedd eu capten nhw. Ni aeth ar y blaen gynta wedi cais gan Shane Williams. Ciciodd Hodgson gôl gosb iddyn nhw a chiciodd Stephen un i ni. Aeth Lloegr ar y blaen wedi dwy gic gosb arall gan Hodgson. Roedd hi'n 9-8 i Loegr felly a thair munud o'r gêm ar ôl. Daeth Gavin Henson 'mlaen i gicio gôl gosb o bellter ac mae'r ffaith iddo lwyddo a rhoi'r fuddugoliaeth i ni yn rhan o chwedloniaeth rygbi Cymru erbyn hyn ac yn rhan o'r broses a ddaeth â Henson i sylw pawb.

Doedd dim diffyg hyder gyda ni yn ein gilydd

fel aelodau'r garfan wrth fynd i mewn i'r Chwe Gwlad y flwyddyn honno. Roedden ni newydd golli o un pwynt yn unig i Seland Newydd yn yr hydref a cholli o ddau bwynt yn unig mewn gêm â sgôr uchel iawn yn erbyn De Affrica. Roedd ein hyder yn ddigon uchel felly. Dw i ddim yn gwbod a deimlai'r cefnogwyr awgrym o'r hyder, ond roedd Caerdydd ar ddiwrnod y gêm yn erbyn Lloegr yn wahanol i'r arfer. Mae diwrnod gêm ryngwladol wastad yn sbesial ond roedd awyrgylch anhygoel yn y ddinas y diwrnod hwnnw a phawb mewn hwyliau da. Dim ond weithie y bydd hyn yn digwydd ac roedden ni'r garfan yn gallu teimlo egni'r cefnogwyr. Tybed oedd y ffans yn ymwybodol bod ein hagwedd ni fel chwaraewyr yn wahanol ar gyfer y gêm hefyd? Doedden ni ddim wedi ystyried am eiliad y bydden ni'n colli'r gêm ac roedd curo Lloegr yn gam allweddol a roddodd hwb sylweddol i ni fynd 'mlaen i ennill y Gamp Lawn y flwyddyn honno o dan Mike Ruddock, a hynny am y tro cynta ers y saithdegau.

Ond roedd gen i *osteitis pubis* cyn dechre'r gêm yn erbyn Lloegr a dyna'r gêm ola i fi ei chwarae yn nhymor y Gamp Lawn. Mae *osteitis pubis* yn haint ar y cymal sydd rhwng blaen dau asgwrn y pelfis. Mae'n anaf cyffredin i athletwyr, chwaraewyr pêl-droed ac yn enwedig, am ryw reswm, chwaraewyr *Australian rules football*, lle mae'n cael ei alw'n OP. Roeddwn i'n gwbod nad oeddwn i'n ddigon ffit i chwarae mewn gwirionedd er na wnes i ddim ystyried peidio â chwarae. Ond fuodd dim cyfraniad pellach gen i yn ystod gêmau'r Chwe Gwlad y tymor hwnnw. Ches i ddim chwarae 'run gêm am naw mis oherwydd OP.

Ces ganiatâd gan Mike Ruddock i fynd ar wyliau

yng nghanol yr ymgyrch, ac fe aeth Lynwen a fi i Sharm el-Sheikh. Fan'na gwnaethon ni ddyweddïo. Doedd yr wythnosau hynny ddim yn ddrwg i gyd i fi, felly, ac fe gyrhaeddon ni adre mewn pryd i weld y gêm ola yn erbyn Iwerddon, y gêm roedd yn rhaid ei hennill er mwyn sicrhau y Gamp Lawn. Fe wnaethon ni hynny'n gymharol rhwydd, 32-20, a hanner ein pwyntiau ni wedi'u sgorio gan Stephen Jones. Roedd mynd ar y cae i ddathlu a mwynhau'r foment hanesyddol honno yn hanes rygbi Cymru yn brofiad arbennig. Nid yr ennill yn unig a roddai bleser ond y modd y gwnaethon ni hynny. Roedd unigolion o fewn y tîm ar dân a phawb yn chwarae gyda'i gilydd fel tîm.

Blwyddyn Camp Lawn a dyweddïo, felly, ond roedd hefyd yn flwyddyn *osteitis pubis*. Roedd un digwyddiad arall yn rhwystredig tu hwnt i fi, gan fod taith gan Gymru i America yn ystod yr haf ac fe gadwyd Ryan Jones ar gyfer y daith honno, wedi iddo ddod i mewn i garfan y Chwe Gwlad yn fy lle ar ddechrau'r flwyddyn. Roedd hefyd yn flwyddyn y Llewod. Derbynies y ffurflenni priodol gan Clive Woodward, arwydd fy mod i yn y garfan a gâi ei hystyried i fynd ar y daith. Y garfan ehangach oedd honno, wrth gwrs, ac o'r garfan hon bydde carfan lai yn cael ei dewis i fynd i Seland Newydd. Yn ôl yr hyn a gâi ei ddweud, doedd dim amheuaeth y bydden i wedi cael fy newis i fynd ar y daith honno. Oherwydd yr anaf, fodd bynnag, doeddwn i ddim yn gallu mynd, ac fel gyda thîm Cymru, Ryan Jones aeth yn fy lle i.

Roedd 2005, felly, yn flwyddyn y chwerw a'r chwarae, ac yn flwyddyn y wên a'r dagrau. Diolch byth i ni ddyweddïo'r flwyddyn honno er mwyn sicrhau y bydde'r wefr honno gen i i gofio amdani wrth edrych 'nôl ac y gallwn anghofio'r siomedigaethau eraill.

# 8

# Wastad yn Ewrop!

'Na beth oedd sioc. Fy ail gêm yn unig yng Nghwpan Ewrop ac roedd y tîm wedi teithio i Colomiers yn ne Ffrainc, sydd ddim ymhell o Toulouse. Nid camu i'r lefel Ewropeaidd a chwarae ar y safon honno oedd yn sioc, o nage. Gweld y twll yn llawr y stafell newid a gâi ei ddefnyddio fel toiled oedd y sioc fwya. Do'n i ddim wedi gweld dim byd tebyg i hynny yn Llanarth! Ces i sioc arall wrth weld y bwyd. Er nad oedd safon y bwyd yn ofnadwy, eto i gyd roedd e'n wahanol ac yn rhywbeth arall i ddod yn gyfarwydd ag e wrth gystadlu yng Nghwpan Ewrop bant yn Ffrainc.

Roedd Colomiers yn dîm da'r dyddiau hynny. Roedden nhw wedi ennill Cwpan Her Ewrop yn 1998 ac fe gyrhaeddon nhw ffeinal Cwpan Heineken yn 1999, gan golli i Ulster. Maen nhw wedi cynhyrchu chwaraewyr enwog fel David Skrela, Fabien Galthié a'u hyfforddwr ar y pryd, Jean-Luc Sadourny. Ond fe enillon ni'r gêm yn weddol rhwydd yn y diwedd, o 19 i 6.

Cyn mynd roedd yr holl siarad yn ymwneud â pha mor anodd oedd mynd i ffwrdd i chwarae ac ennill yn Ffrainc. Wrth chwarae oddi cartre mae gofyn i'r garfan fod yn agosach at ei gilydd na phan fyddan nhw'n chwarae gartre, ac mae hynny'n arbennig o wir wrth chwarae yn Ffrainc. Roedd modd paratoi am yr her gorfforol, ond i chwaraewyr ifanc fel fi a'r blaenasgellwr arall, Mike Buckingham, doedd fawr ddim gobaith i baratoi'n feddyliol cyn teithio yno. Doedd dim dwywaith nad oedd e'n gam pellach i fi ac yn her newydd i'w hwynebu. Yn ddiweddarach yn y tymor fe wnaethon ni guro Colomiers ar Barc y Strade. Dw i'n credu taw ni oedd y tîm cynta o Gymru i ennill gêm bant a gartre yn erbyn tîm o Ffrainc yng Nghwpan Ewrop. Dyna osod sylfaen cadarn iawn i'r traddodiad cryf sydd gan y Scarlets o chwarae yn y gystadleuaeth hon. Yn sicr, roedden ni fel chwaraewyr yn teimlo ein bod yn magu a datblygu hyder wedi inni sicrhau'r buddugoliaethau hyn yn erbyn Colomiers. Rhoddodd i ni'r agwedd meddwl cywir a fuodd yn sail i sawl buddugoliaeth gofiadwy yn dilyn hynny.

Tîm arall sydd wedi magu enw da yng Nghwpan Ewrop yw Northampton ac fe gawson ni gêmau digon cyffrous yn eu herbyn dros sawl tymor. Fe enillon ni sawl gêm galed a chyffrous yn eu herbyn yn Ewrop, a bu sawl brwydr yn y Cwpan Eingl-Gymreig hefyd. Daeth fy nghais cynta yng Nghwpan Ewrop yn erbyn Northampton ar Franklin's Gardens yn 2004. Deng munud o'r gêm oedd wedi mynd. Taflodd Scott Quinnell, a gafodd gêm wych y diwrnod hwnnw, bàs hir ar draws y cae ac fe wnaeth hynny greu'r lle i fi dderbyn y bêl a chroesi am y cais. Ein cais nesa ni oedd cais unigol arbennig Barry Davies, pan bigodd e'r bêl oddi ar ei benagliniau yn dilyn cic gan Paul

Grayson a rhedeg o'r llinell hanner heibio pawb a chroesi'r llinell. Gwych!

Roedd y buddugoliaethau hyn yn erbyn Northampton wedi cryfhau ein hagwedd meddwl yng Nghwpan Ewrop a'r cwpan yn dechre cydio yn nychymyg cefnogwyr a chwaraewyr Llanelli. Roedden ni'n codi ein gêm yng ngêmau'r cwpan ac yn dangos agwedd bositif wrth deithio i Ewrop. Dyna'n sicr oedd ein hagwedd wrth fynd i'r ddwy gêm yn erbyn Toulouse ar ddechre tymor 2006/7.

Trwy gydol yr wythnos cyn y gêm gynta yn erbyn Toulouse ar Barc y Strade roedd yr agwedd meddwl yn gadarnhaol tu hwnt. Doedd colli ddim yn opsiwn. Dyna'r ffordd roedd pawb yn meddwl.

Mae hynny'n fwy rhyfedd byth o ystyried pwy oedd yn nhîm Toulouse ar y pryd. Mae rhestr y chwaraewyr yn darllen fel petai'n dîm cenedlaethol Ffrainc bron â bod, o Poitrenaud i Jauzion, Fritz, Clerc, Heymans, Pelous, Nyanga ac Élissalde. Dod 'mlaen o'r fainc 'nes i yn lle Gavin Thomas ac fe lwyddon ni i ddal gafael ar ein mantais ac ennill o drwch blewyn, 20-19. Yn dilyn y fuddugoliaeth roedd gêm mas yn Toulouse yn ein hwynebu ni wedyn.

Mae'r gêm honno yn Ffrainc yn rhan o hanes y Cwpan Heineken erbyn hyn ac mae'r uchafbwyntiau yn dal ar YouTube! Doedd y Scarlets erioed wedi ennill mas yn Toulouse ac roedden ni'n sylweddoli y bydde'n dipyn o gamp disgwyl i ni ennill y tro hwn. Ond, unwaith eto, roedden ni'n hyderus. Dyna'r tymor y gwnaeth Stephen Jones ailymuno â'r Scarlets ar ôl dwy flynedd gyda Clermont Auvergne yn Ffrainc.

Ces i fy newis i ddechre'r gêm, gyda Gavin Thomas ac Alix Popham yn ymuno â fi yn y rheng ôl. Dwayne Peel oedd y capten y diwrnod hwnnw, ac roedd y tîm yn gyfuniad da o chwaraewyr profiadol a rhai ifanc.

Ar ddiwedd yr hanner cynta roedden ni'n colli o 24 i 10 a'u cefnwr nhw, Poitrenaud, wedi sgorio tri chais yn barod. Doedd hi ddim yn edrych yn addawol iawn. Bum munud i mewn i'r ail hanner roedd Poitrenaud wedi sgorio ei bedwerydd cais a phethe'n edrych yn waeth byth. Ond dalion ni ati i ymosod a chwarae rygbi cyflym, agored a ddenodd ambell 'magnifique' o geg y sylwebydd ar deledu Ffrainc. Dw i'n cofio edrych lan a gweld Popham yn rhedeg â'r bêl yn ei ddwylo ar yr ystlys. Yna dyma fe'n cicio'r bêl heibio chwaraewr a ddaeth i'w daclo a'r bêl yn dal i redeg ar hyd yr ystlys. Dw i'n cofio meddwl, 'Beth mae hwn yn neud nawr?'

Fe gwrsodd ei gic ei hunan a dal y bêl ar y 22, pàs fach deidi wedyn i Darren Daniel a dyna fe drosodd. Cyn hir roedd Barry Davies yn meddwl ei fod 'nôl yn y gêm honno yn Northampton, mae'n siŵr, yn cael y bêl yn ei hanner ei hunan ac yn dechre ar rediad gwych a orffennodd wrth iddo dynnu ei daclwr gydag e dros y llinell wrth sgorio cais. Roedd Darren a Barry ar y fainc ar gyfer y gêm gynta 'nôl ar Barc y Strade ond roedd y ddau wedi gwneud eu marc yn y gêm hon. Wedi ychydig dros awr o'r gêm roedd hi'n 34-27 iddyn nhw. Tybed oedd gobaith o gwbwl i ni gau'r bwlch?

Doedd cyfraniad Darren Daniel ddim wedi dod i ben. Ymhen dim roedd wedi croesi unwaith eto a'r

TMO yn cadarnhau bod hwnnw'n gais. Pum munud i fynd ac roedd hi'n gyfartal, 34-34, er ein bod ni wedi bod ar ei hôl hi o 21 pwynt ddwywaith yn ystod y gêm. Nawr roedd yn rhaid wrth ymdrech arall i weld a allen ni fynd ar y blaen. Roedd y cyffro yn gwbwl anhygoel, heb sôn am y tensiwn!

Roedd Toulouse yn pwyso er mwyn sicrhau'r fuddugoliaeth. Wedi gwasgu a gwasgu fe groeson nhw ein llinell ni, ond fe ddyfarnodd y TMO y tro hwn nad oedd y chwaraewr o Toulouse wedi tirio'r bêl. Dim cais. Doedd dim modd siglo ein hamddiffyn ni. Gan fod y cloc bellach wedi croesi'r 80 munud, roedd gêm gyfartal yn edrych yn debygol. Fe fydde osgoi colli yn Toulouse wedi bod yn dipyn o gamp i ni, yn enwedig o gofio i ni fod ar ei hôl hi ddwywaith yn y gêm a'r bwlch rhyngddon ni mor fawr.

Ond roedd amser am un symudiad arall. Daeth y bêl i Regan King a bant â fe ar rediad hyfryd heibio i'r taclwyr, gan ddangos y traed a'r dwylo celfydd sy'n rhan mor nodweddiadol o'i chwarae. Cafodd ei daclo yn y diwedd ond, wrth iddo orwedd ar wastad ei gefn a sawl taclwr o'i gwmpas, llwyddodd i daflu'r bêl i Nathan Thomas ac fe groesodd e am gais hwyr. Llwyddodd Stephen â'r trosiad – fel y gwnaethai â'r saith cic a gawsai e'r prynhawn hwnnw – a dyna ni, buddugoliaeth i'r Scarlets o 41 pwynt i 34! Roedd y golygfeydd rhyfedda ymhlith chwaraewyr a chefnogwyr y Scarlets. Gorfoledd llwyr. A whare teg i Toulouse, roedden nhw'n hael iawn eu clod ac yn fodlon dangos eu hedmygedd o'n chwarae ni ar ôl y gêm.

Rai blynyddoedd yn ddiweddarach roedd gêmau

yng Nghwpan Ewrop yn gyfle i fi gynorthwyo fy nghyd-chwaraewyr fel y buodd ambell unigolyn amlwg o gymorth i fi pan oeddwn ar ddechre fy ngyrfa. Gofynnwyd i fi gael gair â'r chwaraewyr cyn y gêmau yn erbyn Brive ar Barc y Scarlets a Gwyddelod Llundain bant yn Reading. Anrhydedd aruthrol oedd derbyn y fath gais. Yn yr ystafell newid, felly, ac ar y cae yn ystod y cyfnod o dwymo lan cyn y gêm, fe ges y cyfle i wneud yr hyn fydde Gareth Jenkins a Ray Gravell a sawl un arall wedi'i neud pan o'n i'n ifanc. Cyfle am air o anogaeth, gair i ysbrydoli a gair i roi hwb i'r tîm cyn mynd ar y cae. Does dim amheuaeth i hynny fod o help i fy ngêm bersonol i hefyd, achos ym marn llawer fe ges i gêmau arbennig yn erbyn y ddau dîm hynny. Dechreuodd y broses ar y diwrnod cyn y gêm yn erbyn Brive, yn yr hyn ry'n ni'n ei alw yn *captain's run*. Dyna oedd y cyfle cynta i ddweud ambell air wrth hwn a'r llall, a bwydo'r neges yn ara bach i'r garfan. Ces gyfle i ddweud wrth y lleill beth roedd y gêmau Ewropeaidd yn ei olygu i fi a beth y dylen nhw ei olygu i bawb arall. Roedd ysbrydoli'r lleill yn ffordd o ysbrydoli fi fy hunan hefyd.

Cawson ni fuddugoliaeth hawdd yn erbyn Brive ar Barc y Scarlets ac roedd y fuddugoliaeth lan yn Reading yn erbyn Gwyddelod Llundain yn sicr wedi rhoi neges glir i bawb fod talent yn nhîm y Scarlets ac y bydden ni'n fygythiad mawr i dimau eraill. Fel mae'n digwydd, y fuddugoliaeth ysgubol yna yn erbyn Gwyddelod Llundain oedd fy ngêm ola yng Nghwpan Ewrop, er na wyddwn i hynny ar y pryd.

Os taw dyna oedd rhai o uchafbwyntiau fy ngyrfa yng Nghwpan Ewrop, rhaid cyfadde bod 'da fi rai atgofion gwael yn y gystadleuaeth yn ystod fy ngyrfa hefyd, ac un yn arbennig, yn erbyn tîm o Ffrainc unwaith eto. Mae adrodd yr hanesyn hwn yn rhan anodd iawn o'r stori, ond mae'n rhaid ei ddweud er mwyn cyflwyno'r darlun cyflawn.

Perpignan oedd y gwrthwynebwyr, lawr ar Barc y Strade ar ddechre 2003. Roeddwn newydd ennill fy nghap cynta ac yn fy nhrydydd tymor gyda'r Scarlets. Roedd bywyd yn dda a'm gyrfa yn y byd rygbi yn mynd i'r cyfeiriad cywir. Ar ddiwrnod y gêm roedd Parc y Strade yn bownsan, does dim gair arall i'w ddisgrifio. Am awyrgylch! Ar ben hyn oll, roeddwn wedi bod yn ddigon lwcus i gael fy newis i ddechre'r gêm. Doedd dim prinder talent yn rheng ôl y Scarlets yn y cyfnod hwnnw felly braint oedd cael dechre gêm.

Dim ond 61 eiliad oedd ar y cloc ac roedden ni ar ei hôl hi'n barod. Cais cosb wedi i gefnwr Perpignan, Souverbie, gael ei daclo heb y bêl wrth groesi'r llinell. Ymhen sbel fach ar ôl hynny roedd lein i ni ar ochor stand y de, reit yn ymyl y twnnel i'r stafelloedd newid ac wrth ochor meinciau'r hyfforddwyr. Ces fy nghodi yn y lein gan Vernon Cooper. Ond cydiodd un neu ddau o flaenwyr Perpignan yn'a i a 'nhynnu i lawr ar wastad fy nghefn nes i fi syrthio'n un bwndel ar y cae. Doeddwn i, na'r rhan fwya o'r blaenwyr eraill, nac yn naturiol y dorf fawr, ddim yn hapus â'r fath weithred ac o ganlyniad bues i a sawl un arall yn clatsho tamed bach. Cafodd y dyfarnwr air â'r ddau dîm a 'mlaen â'r gêm.

Rai munudau'n ddiweddarach roedd sgarmes yng nghanol cae. Cyn y gêm roedd Gareth Jenkins wedi pwysleisio pwysigrwydd dinistrio gêm mewnwr Perpignan, gan roi amser caled iddo fe mor aml â phosib. Ludovic Loustau oedd y mewnwr, un digon bishi a bywiog a dweud y gwir. Y bwriad oedd cyfyngu ar ei ddylanwad ar y gêm ac o ganlyniad roedd disgwyl i ni roi lot o 'sylw' iddo fe.

Wedi symudiad ymosodol gan y Scarlets, a ddechreuwyd gan Stephen Jones, ffurfiodd y sgarmes. I mewn daeth Loustau a chamu reit trwy'r canol a syrthio'r ochor anghywir. Erbyn hynny roeddwn i'n rhedeg nerth fy nhraed at y sgarmes heb feddwl fawr ddim lle roedd y dwylo na'r traed. I mewn â fi am y bêl. Ond daeth yn amlwg i fi gael gafael mewn mwy na'r bêl. Reit o dan drwyn y dyfarnwr, Tony Spreadbury, roedd fy nhroed wedi glanio ar ysgwydd Loustau a mynd yn syth i mewn i'w wyneb. Roedd hynny'n ormod i'r cyn-barafeddyg Spreadbury, a chwythodd ei chwiban gan ddod draw ata i'n syth.

Ym merw'r frwydr, doedd gen i ddim syniad beth oedd wedi digwydd a pham roedd y reff ishe gair â fi. Y sgarmes yna oedd y chwarae nesa ar ôl y dyrnu wedi'r lein, felly roedd hynny'n ffres ym meddwl y dyfarnwr. Wrth iddo ddechre siarad â fi, edryches lan i'r awyr a gweld o gornel fy llygad bod y dyfarnwr yn rhoi ei law yn ei boced. Arafodd popeth o 'nghwmpas i, fel petai ar *slow motion* ar y teledu. Trodd pob symudiad yn symudiad hir, bwriadol. Trodd sŵn y dorf yn sŵn dwfn, araf, fel record ar y cyflymdra anghywir. Gan fod y Strade mor llawn, roedd fel petai pawb mor agos ata i ag y gallen nhw fod, a channoedd o lygaid o'm cwmpas i bob cyfeiriad. Y peth nesa ddaeth i'm sylw oedd y garden goch.

Roedd yn rhaid i fi adael y cae. Fe wnes i droi ar fy sodlau a dechre cerdded y llwybr llawn cywilydd yn ôl at yr ystlys. Wrth gerdded, roedd fy mhen yn un peiriant golchi o feddyliau a theimladau. Trio deall beth ddigwyddodd, beth 'nes i mewn gwirionedd, ble dylen i fynd nawr – 'nôl i'r stafell newid neu cymryd fy lle ar y fainc wrth ochor y cae? Cerddais yn araf iawn a'r holl feddyliau hyn yn mynd trwy fy mhen.

At fainc yr eilyddion es i, ac ishte fan'na mewn tawelwch llwyr. Ac oedd, roedd y dagrau yn ôl unwaith eto, ond nid oherwydd angerdd y tro hwn ond mewn cywilydd. Wrth ishte fan'na yn trio edrych ar y gêm yng nghystadleuaeth Cwpan Ewrop, dim ond un llun a ddeuai 'nôl i fy meddwl. Am ryw reswm rhyfedd, yn y fath amgylchiadau, aeth fy meddwl 'nôl i ddyddiau'r ysgol Sul. Cystadleuaeth bêl-droed oedd hi yn Johnstown, Caerfyrddin, a finne'n chwarae i gapel Pencae. Roeddwn wastad am roi o 'ngorau, ac yn y gêm dan do honno roeddwn wrth fy modd yn llithro i mewn i daclo tan i fi fod yn orfrwdfrydig a phrofi amynedd y dyfarnwr unwaith yn ormod. Anfonodd e fi bant. Gêm ysgol Sul a finne ond yn rhyw 10 mlwydd oed. Wrth ishte ar ochor cae'r Strade a chwaraewyr rhyngwladol yn y ddau dîm o 'mlaen i, ac wedi gweld y garden goch am y tro cynta mewn gêm broffesiynol, yr atgofion am y gêm wrth chwarae i dîm yr ysgol Sul ddaeth 'nôl i'r meddwl, mor fyw â phetai newydd ddigwydd.

Digwyddodd hyn ar ôl dim ond 10 munud o'r gêm felly roedd 70 munud ar ôl a dim ond 14 dyn gan Lanelli oherwydd fy ngweithred i. Ar y pryd doedd gen i ddim syniad o gwbwl pa mor wael oedd yr hyn wnes i. Fe ddes i ddeall wedyn beth ddigwyddodd, wedi edrych ar y fideo o'r digwyddiad. Fe roies i 'nhroed ar ei ysgwydd, ac nid ar ochor yr ysgwydd chwaith. Fe ddalies i fe ar ganol ei ysgwydd ac wedyn aeth 'y nhroed i mewn i ochor ei wyneb. Roedd yn edrych yn wael ac, i fod yn gwbwl onest, roies i ddim dewis o gwbwl i Tony Spreadbury, yn enwedig o ystyried bod ffrwgwd wedi bod funudau ynghynt a finne yng nghanol hwnna hefyd. Doedd dim diben dadlau bod eu chwaraewyr nhw ar fai, fel roedden nhw; roeddwn i'n haeddu carden goch.

Eisteddais ar bwys Ian Boobyer, yr un roeddwn wedi chwarae yn ei le, ac fe ddwedodd wrtha i'n syth am beidio â becso am yr hyn oedd wedi digwydd. Ceisiodd yr eilyddion eraill 'y nghysuro i hefyd. Ond doedd dim modd gwneud hynny. Fe eisteddes yn yr un fan, wedi ymgolli yn fy myd fy hunan yn gyfan gwbwl, tan hanner amser. Doedd y gêm a gâi ei chwarae o 'mlaen i ddim fel petai'n digwydd yn yr un byd â fi. I mewn â fi i'r stafell newid ar hanner amser ond ddes i ddim 'nôl mas ar gyfer yr ail hanner. Fe weles yr ail hanner o dan y stand yn stafell y tîm yng nghwmni Stuart Gallagher, prif weithredwr y clwb a chyn-chwaraewr hefyd. Pan nad o'n i'n gallu diodde gweld y chwarae, byddwn i'n codi a mynd allan i'r coridor er mwyn cerdded 'nôl a 'mlaen a 'nôl a 'mlaen yn ddiddiwedd.

Ro'n i o flaen y sgrin i weld diwedd y gêm a gweld Llanelli yn rhoi pwyse aruthrol ar Perpignan er mwyn ceisio cipio'r fuddugoliaeth. Cyn y gêm roedd Gareth Jenkins wedi nodi taw'r gŵr o Awstralia a maswr Perpignan, Manny Edmonds, oedd prif fygythiad eu tîm nhw ac fel'na fuodd hi. Ciciodd e ddwy gôl adlam hyfryd yn yr ail hanner, a'r ail yn cipio'r fuddugoliaeth iddyn nhw bum munud cyn y chwiban ola.

Â'r gêm wedi'i cholli, daeth y bois 'nôl i'r stafell newid. Heb os, dyna'r teimlad gwaetha i fi ei gael erioed mewn stafell newid. Roedd, yn llythrennol, yn uffern. Do'n i ddim yn gallu edrych i mewn i lygaid 'run o'r bois. Do'n i ddim yn teimlo y gallai'r un ohonyn nhw edrych i mewn i'n llygaid i chwaith. Mae'n wir bod rhai wedi trio 'nghysuro i drwy ddweud ambell beth – 'Daf, paid â becso', 'Daf, 'sdim ots' a rhyw frawddegau byrion fel'na. Doedd lot ohonyn nhw, serch hynny, ddim wedi llwyddo i dorri gair â fi o gwbwl ac roeddwn i'n gallu deall pam.

Ar ôl cyfnod oedd yn teimlo fel tragwyddoldeb, a phob eiliad boenus yn llusgo'n ddidrugaredd, codes ar 'y nhraed a dweud 'mod i'n flin am yr hyn wnes i.

'Sori bois, sori i fi golli'r gêm i ni. Mae'n wir ddrwg 'da fi. Fi'n gwbod nad yw sori yn mynd i newid y sgôr, ond fi'n moyn dweud sori ta beth.'

Dwedodd Gareth Jenkins wrtha i am ishte lawr ac fe wnes. Yna cydies yn fy mag a mas â fi heb gael cawod. Ond allwn i ddim mynd adre. Roedd yn rhaid i fi gwrdd â'r swyddogion a wynebu canlyniad fy ngweithred. Aeth rheolwr y tîm, Anthony Buchanan, â fi i'r swyddfa o dan y stand lle roedd y swyddogion yn aros amdana i. Ces waharddiad o chwe wythnos yn y fan a'r lle. Ond roedd gwaeth i ddod.

Fel dw i wedi'i bwysleisio'n barod, mae'r teulu'n agos dros ben ac yn golygu lot fawr i fi. Wedi'r gêm a'r digwyddiad hwnnw, doedd fy chwiorydd ddim am siarad â fi, na Mam. Wnaeth fy nhad ddim siarad â fi am ryw dair wythnos. Dyna beth oedd hunlle lwyr. Poen enaid yn llythrennol, mor agos i gartre ag y gallai fod. Ro'n i'n agos iawn at Mam-gu 'fyd, ond allwn i ddim galw i'w gweld hi am ryw ddau fis wedyn. Roedd mynd 'nôl adre ar ôl y gêm a wynebu'r garthen drwchus 'na o ddistawrwydd a phellter yn un o brofiadau gwaetha a mwya poenus 'y mywyd i.

Ar y bore dydd Llun wedi'r gêm roedd gofyn i fi fynd 'nôl i Lanelli a 'nôl i wynebu fy nghyd-chwaraewyr. Wrth ddreifo i Barc y Strade'r bore hwnnw ro'n i'n teimlo'n gryf 'mod i wedi gadael pawb lawr. Fe aeth pethe'n waeth wrth i fi agosáu at y stadiwm a finne'n teimlo ein bod ni i gyd fel carfan wedi cyfrannu cymaint i'n gilydd drwy gydol y tymor. Roedden ni ar rediad anhygoel a ninne ddim ond wedi colli un o'r naw gêm chwaraeon ni cyn cwrdd â Perpignan. Ond roedd un eiliad wallgo gen i wedi troi pob dim wyneb i waered. Yn waeth byth, ro'n i'n grediniol ar y pryd, ac rwy'n dal i gredu, taw bois y garfan oedd wedi bod yn gyfrifol am fy ngwthio i 'mlaen i ennill fy nghap cynta a dyma sut ro'n i wedi diolch iddyn nhw am hynny. Robin McBryde, Stephen Jones, Dwayne, Garan, Wyatt, Madden, Vernon, Scott Quinnell a 'mlaen a 'mlaen. Diolch byth, fuodd neb yn grac wrtha i, er bod ambell un yn dal yn ddigon lletchwith. Diolch byth hefyd, yn y diwedd, effeithiodd e ddim ar y cyfeillgarwch sydd rhyngdda i ac aelodau eraill y tîm.

Ond roedd yn rhaid ystyried ymateb y cefnogwyr. Bydde hynny'n fater arall a fydde gen i ddim rheolaeth o gwbwl dros eu hymateb nhw. Wythnos wedi'r gêm roedd Lynwen a fi mewn priodas yn Llambed. Daeth rhyw foi lan ata i a dechre edliw a'n herio i am 'mod i wedi cael fy anfon oddi ar y cae. Roedd e wedi cael gormod i'w yfed, mae'n amlwg, ond roedd yr holl beth yn dal yn ddigon amrwd i fi ac fe benderfynes ateb y broblem yn y fan a'r lle. Er 'mod i'n disgwyl sylwade pigog ac yn sylweddoli 'mod i ar fai, ces i yffach o sioc wrth i bobl ddechre fy meirniadu i am yr hyn 'nes i.

Yn fwy pwysig, des i a 'nheulu 'nôl i siarad â'n gilydd unwaith eto, diolch byth. Ond hyd heddi dydyn ni ddim wedi trafod yr hyn ddigwyddodd ar y cae y diwrnod hwnnw yn Ebrill 2003. Dw i'n dal i deimlo'n sensitif iawn am y digwyddiad ac mae e'n dal i 'mhoeni i. Yn wir, dw i ddim wedi trafod y digwyddiad gydag unrhyw un heblaw am Lynwen. Dyma'r tro cynta i fi siarad yn gyhoeddus am yr holl beth a rhaid cyfadde ei fod e'n dal yn ddigon poenus i'w drafod, wyth mlynedd yn ddiweddarach.

# 9

# I Ben Draw'r Byd

'Barnwch ni ar ein perfformiad yng Nghwpan y
Byd!'

Dyna oedd geiriau ein hyfforddwr, Steve Hansen,
trwy gydol 2003. Pan oedd canlyniadau tîm Cymru
yn wael yn ystod gêmau'r Chwe Gwlad a'r cyfryngau
yn ein beirniadu ni'n hallt, dyna fydde ei ateb bob
tro yn ddieithriad. Dyna fydde ei dôn gron. Roedd yn
gweld bod angen cyfnod o ailadeiladu pan gymerodd
yr awenau oddi wrth Graham Henry y flwyddyn
flaenorol ac yn hyderus y bydde'r cyfan yn dod at
ei gilydd yn niwedd 2003 lawr yn Awstralia, lle câi
cystadleuaeth Cwpan y Byd ei chynnal y flwyddyn
honno.

Yn union cyn hynny, yn yr haf, fe aethon ni ar
daith i Awstralia a Seland Newydd. Doeddwn i ddim
yn y tîm yn y gêm yn erbyn Awstralia, pencampwyr
y byd ar y pryd, gan 'mod i'n diodde o anaf ro'n i'n
gwbod amdano cyn mynd mas ar y daith. Y rheng ôl
y diwrnod hwnnw oedd y profiadol Martyn Williams
a Colin Charvis ac fe roddwyd ei gap cynta i Jonathan
Thomas. Cafwyd perfformiadau grêt yn y gêm honno

gan y ddau o dîm Pontypridd, Robert Sidoli a Gethin Jenkins. Ar yr un diwrnod ag y collon ni i Awstralia o 30 i 10, roedd Lloegr wedi curo Seland Newydd o 15 i 13. Nhw oedd ein gwrthwynebwyr nesa ni yn Hamilton.

Jerry Collins a Marty Holah oedd dau o reng ôl y Crysau Duon, y ddau sydd erbyn hyn yn chwarae i'r Gweilch. Roedd Dan Carter yn chwarae fel canolwr a Richie McCaw ar y fainc. Yn anffodus, colli wnaethon ni a hynny o sgôr oedd yn record ar y pryd, 55-3. Un gic gosb gan Stephen Jones oedd ein hunig gyfraniad ni.

Erbyn diwedd y gêm roedd tîm Cymru wedi colli wyth gêm o'r bron. Ond yr un oedd neges Steve Hansen, 'Barnwch ni ar ein perfformiad yng Nghwpan y Byd!' Wedi dod 'nôl o hemisffer y De, fe fwres ati i ddatblygu fy ffitrwydd. Fe aethon ni fel carfan mas i Lanzarote, i'r Club La Santa, er mwyn gweithio ar gyflyru ein cyrff ac ymarfer yn y gwres, a fydde yn ein paratoi ar gyfer cystadlu yn Awstralia.

Wedi sesiynau di-ri o waith corfforol, daeth cyfle prin i gael pryd o fwyd bach tawel gyda'n gilydd ac ymlacio ar bwys y môr. Dim cweit fel Cei Bach falle, ond yn ddigon agos. Cawson ni noson grêt, yn enwedig wedi i ni ddod o hyd i fan lle roedd *karaoke* a'r bois yn mynnu cymryd rhan! Fe aeth rhai o'r bois i fannau eraill hefyd a'r trefniant oedd bod pawb i gwrdd 'nôl wrth y bws. Wedi cyfarfod, roedd yn amlwg bod pawb wedi joio ychydig bach gormod! Roedd sawl un yn teimlo'n eitha bregus, sawl un hefyd yn teimlo'n eitha sâl, a lot yn sâl go iawn ac yn dal i fod yn sâl yn y gwesty. Mae'n amlwg i ni fanteisio hyd yr eitha ar y ddwyawr gawson ni i ymlacio!

Saith o'r gloch y bore wedyn roedd pawb i fod yn barod i ymarfer. Fel roedd yr haul yn codi, roedd Steve Hansen yn barod i'n rhoi ni i gyd ar waith. Safodd o'n blaen ni a gofyn un cwestiwn syml:

'Anyone here not happy with their behaviour last night? Put your hands up.'

Cododd lot o'r bois eu dwylo. 'Ocê,' medde fe wedyn, 'y rhai ohonoch chi sydd ddim wedi codi eich dwylo, arhoswch fan'na, a'r gweddill ohonoch chi, dewch gyda fi.'

Felly buodd yn rhaid i'r rhai oedd wedi camymddwyn leia, yn eu barn nhw, wneud cyfres o rediadau 10 metr lan a lawr y trac tra bod y rhai oedd wedi bod yn fechgyn drwg go iawn ond heb gydnabod hynny jyst yn eistedd ar y cae yn gwylio'r lleill yn cael eu cosbi! Ym mha grŵp oeddwn i, chi'n meddwl?

Yr unig broblem oedd bod sawl un ohonon ni wedi dechre meddwl, wrth wylio'r lleill yn cael eu cosbi, ai prawf oedd hyn ar y gweddill ohonon ni? Trwy gydol y paratoi deuai un neges drwodd yn glir, sef pe bai unrhyw chwaraewr mewn trafferth yna dyletswydd y gweddill fydde ei helpu. Dyna'r ffordd o fagu ysbryd o fewn tîm. Felly wrth weld rhai o'r bois yn cael eu cosbi am fihafio lot yn well na ni'r gweddill, aeth un neu ddau ohonon ni atyn nhw a chydymdeimlo. Ond doedd Hansen ddim am i ni wneud hynny, a 'nôl â ni i ishte.

Yn hwyrach y bore hwnnw cawson ni sesiwn i ddatblygu sgiliau. Does dim ishe dweud bod rhai o'r bois yn dal i ddiodde – na, nid fi! Doedd dim byd yn mynd yn iawn i Gareth Cooper druan a phob pàs yn mynd ar gyfeiliorn yn llwyr. Wnaeth hi ddim cymryd sbel i Hansen sylwi ar hynny.

'Coops, what's wrong with you, mate?'

'I've got a f***** migraine!' oedd ei ateb, a phob un ohonon ni yn ein dwble'n chwerthin am ein bod yn gwbod nad dioddef o unrhyw fath o *migraine* oedd e.

Ond roedd y cyfan, hyd yn oed pan oedden ni'n fechgyn drwg, yn rhan o'r broses ehangach o adeiladu tîm. Tynnu 30 o chwaraewyr proffesiynol at ei gilydd oedd y nod. Daeth ffrwyth y gwaith yna'n amlwg rai misoedd yn ddiweddarach.

Wedi dod 'nôl o Lanzarote trefnwyd cyfres o gêmau ar ein cyfer fel rhan o'r paratoi. Ym mis Awst 2003 fe chwaraeon ni yn erbyn Iwerddon yn Lansdowne Road ac yn erbyn Lloegr, Romania a'r Alban yng Nghaerdydd. Colli'r ddwy gêm gynta wnaethon ni, gan ymestyn y rhediad o gêmau nad oedden ni wedi'u hennill i 10. Ond daeth buddugoliaethau yn erbyn Romania o 54 i 8 a'r Alban o 23 i 9. Roedd hynny'n damed bach o gysur i ni wedi rhediad o'r fath, yn enwedig wedi colli yn erbyn Lloegr o 43 i 9 a Joe Worsley a Lewis Moody, dau chwaraewr rheng ôl, yn llwyddo i sgorio cais yr un gan wneud i fi deimlo'n waeth byth. Gan i ni lwyddo i atal y rhediad o golli gêmau, ddeufis cyn Cwpan y Byd, tybed oedd cynllun Hansen yn dechre gweithio? Doedd fawr o hyder yn y garfan yn ystod y cyfnod hwnnw ac roedd Hansen ei hun yn cael amser caled gan y cyfryngau. Doedd hynny, yn ei dro, ddim yn ein helpu ni chwaith, wrth gwrs.

Daeth yn amser gadael i fynd i Gwpan y Byd. Ar gyfer y gêm gynta yn erbyn Canada roedd Gareth Thomas ar yr asgell chwith. Doedd Shane Williams ddim wedi chwarae unrhyw ran yn y paratoi ar gyfer Cwpan y Byd a chawsai ei ddewis i fynd yno fel y trydydd mewnwr! Dyna'r unig reswm roedd e yn y garfan. Anhygoel a dweud y gwir. Y gred ar y pryd oedd na fydde gan rywun o'i faintioli e gyfraniad i'w wneud i'r gêm fodern. Diolch byth iddo ddangos taw nonsens llwyr oedd y fath agwedd.

Canberra, prifddinas Awstralia, oedd ein pencadlys ar gyfer yr ymgyrch honno. Dyw'r ddinas ddim yn un ddeniadol o gwbwl, rhaid cyfadde, gan ei bod hi ar wasgar heb fawr o ganol nac o galon iddi chwaith. Y Canberra Raiders oedd tîm Rygbi'r Gynghrair y ddinas ac ar eu maes nhw roedden ni'n chwarae. Roedd rheolwr tîm Cymru, Alan Phillips, wedi bod mas yno cyn i ni gyrraedd er mwyn trefnu popeth ar ein rhan. Y flwyddyn honno, penderfynodd nad oedd angen i ni aros mewn gwesty ac, yn hytrach, cafodd y garfan ei gosod mewn *apartments* hunanarlwyo, tebyg i'r hyn welwch chi mewn neuaddau preswyl i fyfyrwyr. Doedden ni fel chwaraewyr ddim yn rhy siŵr am addasrwydd y trefniade gan ein bod ni wedi dod yn gyfarwydd ag aros mewn gwestai. A dweud y gwir, roedden ni'n amheus iawn. Ond wedi dod dros y sioc o orfod coginio drosto ni'n hunain, sylweddolon ni'n weddol glou ei fod e'n drefniant digon hwylus er na fydden ni'n cael pob dim wedi'i baratoi ar ein cyfer fel mewn gwesty.

Y peth gwaetha am y trefniant yma i fi oedd deall gyda phwy roedd disgwyl i fi rannu stafell, sef Garan Evans. Nawr, roedden ni'n nabod ein gilydd yn dda, yn amlwg, gan ein bod ni'n chwarae i'r un clwb. Ond dyna'r broblem. Ro'n i'n gwbod ei fod e'n foi sy'n lico conan lot ac, yn waeth byth, doedd e ddim yn gallu cwcan! Ro'n i'n gwbod hynny i sicrwydd gan fod Lynwen yn ffrindie 'da'i bartner e, Jodi. Hwnna i fi oedd y peth gwaetha – rhannu stafell mewn lle hunanarlwyo 'da rhywun nad oedd fawr o obaith ei gael i gwcan unrhyw beth! Bydde strygl o 'mlaen i! I neud pethe'n waeth, dw i'n weddol siŵr bod Garan wedi trefnu y bydden i'n rhannu stafell 'da fe am ei fod e'n gwbod bod mwy o siâp cwcan arna i.

Er mawr syndod i fi, fe wnaeth e gwcan un pryd – sef nwdls plaen, ham a tafell o fara! Hyd yn oed wrth baratoi'r pryd 'na, roedd y gegin yn llawn stêm a mwg. Er mwyn ysgafnhau rhywfaint ar y baich o gwcan, bydden ni'n ymuno â Chris Wyatt a Huw Bennett yn y stafell drws nesa i ni. Roedd Chris a fi'n hoffi arbrofi a gwneud yn siŵr bod glased bach o win gyda phob pryd o fwyd. Ond whare teg i Garan, bydde fe wastad yn ymddiheuro am y ffaith nad oedd e'n gallu cwcan, a hynny fel arfer wrth iddo fe yfed ei wydraid o win!

Yn y Telstra Dome, Melbourne roedd y gêm gynta, yn erbyn Canada. Roedd yn fuddugoliaeth rwydd i ni yn y diwedd o 41 i 10. Sgoriodd Iestyn Harris 16 pwynt ac yntau'n chwarae fel canolwr a Ceri Sweeney yn faswr.

O ystyried canlyniadau ein gêmau ni ers dechre'r flwyddyn, ac o ystyried yr amser caled a gawsai'r tîm a Steve Hansen yn y cyfnod hwnnw, roedd awyrgylch digon cadarnhaol ymhlith y garfan ac roedd ein hyder ni'n cynyddu'n raddol wrth i'n canlyniadau wella. Falle ein bod ni'n dechre credu yr hyn roedd

Hansen wedi bod yn ei bregethu, a bod ffydd 'da ni yn y cynllun roedd e'n ei weithredu. Roedd safon ffitrwydd corfforol pob un ohonon ni'n well nag y bu erioed. Aeth sawl un ohonon ni mas yno ar y daith wedi cyrraedd a sicrhau ein ffigyrau gorau mewn amrywiaeth o brofion corfforol. Roedd lefel ein sgiliau hefyd yn gwella o dan arweiniad Scott Johnson.

'Nôl â ni i Canberra wedyn ar gyfer y gêm yn erbyn Tonga ar gae'r Raiders. Roedd y stadiwm yn orlawn a'r awyrgylch yn un digon cyffrous. Fe ddylen ni fod wedi ennill yn eitha rhwydd yn erbyn Tonga ond fe wnaethon nhw roi gêm galed i ni. Dyna gryfder Cwpan y Byd: bydd timau'r ynysoedd – Tonga, Samoa a Fiji – wastad yn rhoi rhai perfformiadau arbennig yn ystod y gystadleuaeth. Y sgôr yn y diwedd oedd 27 pwynt i 20, a gôl adlam gan Martyn Williams tua diwedd y gêm yn coroni buddugoliaeth Cymru. Unwaith eto roedd Shane Williams ar y fainc a Tom Shanklin y tro hwn yn gwisgo rhif 11. Erbyn hyn roedd Colin Charvis 'nôl yng ngharfan Cymru ac yn cael ei dderbyn gan y cefnogwyr hefyd, wedi i'r cof am y wên bechadurus wrth i ni golli'r gêm yn erbyn yr Eidal bylu yn angof.

Y gêm i benderfynu pwy fydde'n mynd i'r rownd nesa yn ein grŵp ni oedd y gêm yn erbyn yr Eidal. Gan i ni golli yn eu herbyn yng nghystadleuaeth y Chwe Gwlad roedden ni i gyd fel carfan yn disgwyl 'mlaen am y gêm hon. Diolch byth ein bod ni'n ddigon pell o gartre, yn ddigon pell o sylw dienaid y wasg ac yn ddigon pell o'u cwestiynau hefyd. Roedd Canberra yn bellach na Saundersfoot hyd yn oed, ond petaen ni'n aros yn y Vale...

Colin, Martyn a fi oedd y rheng ôl yn erbyn yr Eidal mewn gêm oedd yn weddol dynn, er i ni ennill yn gymharol hawdd. Sgoriodd Mark Jones gais, ond fe allai e fod wedi sgorio un arall hefyd. Daliodd y bêl a mynd am y llinell a doedd neb o'i flaen e. Ond rhywsut bwrodd e'r bêl 'mlaen ac, fel y gwnâi Mark drwy gydol ei yrfa pan fydde rhywbeth fel'na yn digwydd, cwympodd yn fflat ar ei gefn, dal ei goes yn yr awyr a rhwbio llinyn y gar. Anaf, neu hyd yn oed gramp ambell waith, fydde'r rheswm am y camgymeriad wrth gwrs!

Tua 10 munud cyn diwedd y gêm, a Stephen wedi dod 'mlaen fel eilydd, ciciodd y bêl a glaniodd rhyw 20 metr mas o linell gais yr Eidal ac aeth y bêl dros yr ystlys oddi ar un o'u chwaraewyr nhw. Ein lein ni felly. Fi enillodd y bêl ac fe ddalies ynddi'n dynn wrth i'r blaenwyr eraill fy ngwthio i 'mlaen tuag at linell gais yr Eidal. Fe 'nes i droi 'nghefn am yn ôl wedyn, ac wrth wneud bues i bron â cholli'r bêl, ond parhaodd yr hyrddiad ac fe groesais i'r llinell a sgorio cais. Roedd yn deimlad grêt, gan ei fod yn rhoi'r tîm yn ddigon pell o gyrraedd yr Eidal ac yn sicrhau buddugoliaeth yn erbyn y tîm oedd wedi'n curo yng nghystadleuaeth y Chwe Gwlad. A dweud y gwir, roeddwn i'n teimlo cymaint o orfoledd nes i fi ddathlu ar ôl sgorio am y tro cynta erioed yn fy ngyrfa. Dw i ddim yn credu yn y dathlu mawr 'ma wedi sgorio, ond roedd arwyddocâd arbennig i'r cais ar yr achlysur hwn. Wedi tirio'r bêl a chodi ar fy nhraed rhoddes i yffach o gic iddi â 'nhroed chwith – pam, dw i ddim yn gwbod, achos taw â'r droed dde y bydda i'n cicio pan fydda i'n cicio! Ta beth, aeth y bêl lan reit i gefn y stand. Wedi hynny, codes i 'mreichiau yn uchel yn yr awyr a'u hagor nhw mor llydan ag y gallen i. Fe wnaeth y chwaraewyr eraill ymateb i hynny a rhannu yn y gorfoledd. Dw i'n credu bod y fath weithred anarferol i fi yn ganlyniad i fisoedd o weithio'n galed, a hynny ar ddiwedd blwyddyn ddigon anodd wedi i dîm Cymru golli 10 gêm o'r bron. Fel tîm roedden ni'n gwbod bod y fuddugoliaeth yn erbyn yr Eidal yn golygu ein bod ni drwodd i rownd y chwarteri yng Nghwpan y Byd ac roedd hynny'n golygu lot i ni i gyd.

Roedd y gêm nesa yn erbyn Seland Newydd yn yr un grŵp â ni, a dyma'r gêm ola cyn y chwarteri. Roedden ni a nhw'n sicr o fynd drwodd i'r chwarteri ond y gêm hon fydde'n penderfynu pwy fydde'n gorffen yn gynta ac yn ail yn y grŵp ac felly, yn ei dro, yn penderfynu pwy y bydden ni'n chwarae yn eu herbyn yn y rownd nesa. O ganlyniad, doedd Steve Hansen ddim am ddefnyddio rhai o'r chwaraewyr oedd wedi chwarae sawl gêm yn barod ac fe wnaeth e ein gorffwys. Rhoddodd e fi ar y fainc a rhoi gêm i Jonathan Thomas, Charvis a Popham. Reuben Thorne a Jerry Collins oedd ar y flaenasgell iddyn nhw a Richie McCaw yn rhif 8. Des i 'mlaen cyn y diwedd a chymryd rhan mewn gêm anhygoel pan sgorion ni bedwar cais yn erbyn y Crysau Duon. Cafodd Shane ei gyfle, diolch byth, nid fel mewnwr ond ar yr asgell, ac fe chwaraeodd gêm anhygoel gan ddawnsio ei ffordd heibio'r gwrthwynebwyr, nodwedd ar ei chwarae sydd wedi dod mor gyfarwydd i ni ers hynny. Ro'n i'n ei nabod yn weddol dda ac wedi gweld yr hyn y gallai ei wneud gan i fi chwarae yn ei erbyn mewn gêmau rhwng Llanelli a Chastell Nedd. Yn y gêm yn erbyn Seland Newydd daeth i mewn i'r llinell a bylchu ar ôl ochorgamu dro ar ôl tro, gan greu ceisiau i'r chwaraewyr eraill cyn sgorio cais ardderchog ei hun. Roedd yn hyfryd ei wylio ac yn codi cwestiwn yn fy meddwl: beth fydde ein canlyniadau fel tîm petai Shane wedi cael y cyfle yng ngêmau'r Chwe Gwlad y flwyddyn honno ac yn y gêmau rhagbaratoadol ar gyfer Cwpan y Byd? Chafodd e ddim whare teg o gwbwl, ond pan ddaeth ei gyfle dangosodd i bawb beth y gallai talent naturiol ei gyflawni. Fe sgorion ni gyfanswm o 37 pwynt yn erbyn Seland Newydd, er taw dal i golli wnaethon ni. Ond wrth ddod mor agos at ennill yn erbyn y Crysau Duon fe ddangoson ni ein bod yn gallu chwarae math o rygbi nas gwelwyd gan dîm Cymru ers degawdau.

Fe drefnes i bod Lynwen yn dod mas ar gyfer dwy o'r gêmau, sef y rhai yn erbyn yr Eidal a Seland Newydd. Daeth hi mas gyda Jodi, partner Garan, Helen, partner Mark Jones, a Nicola, partner Rob Sidoli, ac roedd yn grêt gallu ei gweld gan 'mod i mor bell o gartre. Ond doedd hi ddim yn cael aros yn yr un lle â fi wrth gwrs!

O ddod yn ail yn ein grŵp, yn erbyn Lloegr roedd y gêm nesa i ni yn y chwarteri, a hynny wythnos yn ddiweddarach. Does dim ishe dweud faint o arwyddocâd oedd i'r fath gêm! Lan â ni i Brisbane ar gyfer y gêm yna ac i Stadiwm Suncorp – stadiwm sydd yn codi'n serth ac yn uchel o ochor y cae, yn hytrach na chodi'n raddol fel y gwna'r rhan fwya ohonyn nhw. I'r stadiwm hon yr aeth Paul Sergeant fel prif weithredwr ar ôl gadael ei swydd yn Stadiwm y Mileniwm a chyn ymgymryd â'r un gwaith ar Barc y Scarlets. Y diwrnod hwnnw roedd y Suncorp yn stadiwm wych i chwarae ynddi a'r borfa yn berffaith i dîm oedd am chwarae rygbi cyflym iawn. Roedd hynny, yn sicr, yn fantais i'n ffordd ni o chwarae, yn enwedig o ystyried y perfformiad yn erbyn Seland Newydd yr wythnos flaenorol.

Roedd agoriad digon cyflym i'r gêm hefyd, gyda dau gais i ni yn y pedair munud agoriadol. Un i Stephen Jones ac un i Colin Charvis, ac roedd Gareth Cooper a Shane Williams yn amlwg wrth greu'r ceisiau hynny. Dechre bendigedig. Fe arhoson ni ar y blaen tan ddiwedd yr hanner a 10-3 oedd hi wrth i ni adael y cae wedi deugain munud. Roedd y bois ar dân yn y stafell newid yn ystod yr egwyl. Roedd y gwres yn llethol mas 'na ac roedd y tywelion iâ yn fendith yn ystod hanner amser, ond doedd dim arwydd o flinder nac o wanhau ac yn sicr doedd dim diffyg hyder. Anodd credu bod lefel ein hyder mor uchel yn ystod y gêm o ystyried ein perfformiadau yn ystod y flwyddyn hyd hynny. Y neges gawson ni oedd bod Lloegr wedi llwyr ymlâdd. Roedden ni'n gwbod taw dim ond un dull o chwarae oedd ganddyn nhw mewn gwirionedd ac yn gobeithio na fydde'r dull hwnnw'n effeithiol yn yr ail hanner oherwydd y blinder.

Daeth Lloegr â Mike Catt 'mlaen ar gyfer yr ail hanner ac fe wnaeth e wahaniaeth aruthrol i'w chwarae nhw. Erbyn diwedd y gêm roedden ni wedi sgorio tri chais o'i gymharu ag un ganddyn nhw ond y gwahaniaeth amlwg rhwng y ddau dîm oedd chwe gôl gosb ac un gôl adlam gan Jonny Wilkinson. Aethon nhw 'mlaen wedyn, wrth gwrs, i gipio Cwpan y Byd pan giciodd Jonny Wilkinson gôl adlam ym munudau ola y ffeinal. Doedd gen i ddim amheuaeth ar y pryd, a does gen i ddim amheuaeth hyd heddi, ein bod ni'n hen ddigon da i guro Lloegr ar y dydd Sul hwnnw, 9 Tachwedd 2003. Ni chwaraeodd y rygbi gorau yn ddi-os. Tybed a fydden ni wedyn wedi mynd yn ein blaen i ennill Cwpan y Byd?

Anodd disgrifio ein teimladau ni'r chwaraewyr wrth i ni gerdded oddi ar gae Stadiwm Suncorp y pnawn hwnnw wedi colli gêm y dylen ni fod wedi'i hennill. Roedd dagrau yn llygaid sawl un ohonon ni ac roedd yn amhosib ein cysuro. Doedd dim modd anwybyddu'r ffaith ein bod ni nawr mas o Gwpan y Byd, ac roedd geiriau Steve Hansen yn atseinio yn ein meddyliau:

'Barnwch ni ar ein perfformiad yng Nghwpan y Byd!'

Â ni bellach wedi colli a mas o'r cwpan, beth fydde'r farn am ein perfformiadau ni? Siom oedd y teimlad amlwg ymhlith holl aelodau'r garfan, siom dwfn, real a byw. Ond yn glou iawn, trodd y siom yn falchder gan i ni gyflawni lot yn fwy nag y gwnaeth neb ei freuddwydio. Rhaid cofio nad oedd y wasg na'r cefnogwyr yn rhoi unrhyw obaith i ni, yn gyhoeddus nac yn breifat.

Pleser llwyr felly oedd dod 'nôl i Gymru a derbyn y croeso. Dyna beth oedd croeso gwresog, twymgalon a chadarnhaol. Cawson ni sylwadau canmoliaethus gan bawb. Wrth feddwl am y dull y gwnaethon ni chwarae yn erbyn Lloegr, dangosodd y gêm honno nad *fluke* oedd y perfformiad yn erbyn Seland Newydd. Roedd rygbi Cymru 'nôl ar fap rygbi'r byd a'r tîm wedi ailddarganfod ein ffordd ni o chwarae rygbi yn ein dull naturiol ni ein hunain. Unwaith eto roedd yna dân ac ysbryd 'nôl yn chwarae tîm rygbi Cymru. Dyna'r sylwadau a wnaed gan y cyfryngau a fuodd mor llym eu beirniadaeth am yr un mis ar ddeg cyn hynny. Dangosodd ein perfformiad na lwyddodd y wasg a'r cyfryngau i chwalu ysbryd y garfan – roedd y garfan gyfan fel un mas yn Awstralia.

Heb os, dyna'r flwyddyn orau ges i wrth chwarae rygbi. Gwaith caled, y ffitrwydd gorau a throi rhediad cywilyddus yn berfformiadau o chwarae rygbi o'r safon ucha. Dw i bron yn siŵr y bydde'r rhan fwya o'r bois a deithiodd mas gyda Chymru i Gwpan y Byd y flwyddyn honno'n dweud yn union yr un peth.

# 10

# Pump Mawr

MAE'N SIŴR FOD rhyw ddeg hyfforddwr i gyd wedi bod yn gyfrifol am y gwahanol dimau y bues i'n chwarae iddyn nhw, ac mae pump ohonyn nhw yn enwau mawr yn y byd rygbi sef Graham Henry, Steve Hansen, Mike Ruddock, Warren Gatland a Gareth Jenkins. At y rhestr yna gallen i ychwanegu enwau Nigel Davies, Phil Davies, Scott Johnson ac ambell un arall a fuodd yn hyfforddwyr dros dro. Profiad difyr tu hwnt yw pwyso a mesur beth fuodd cyfraniad y bobl hyn at fy ngyrfa a thynnu sylw at y ffaith fod personoliaethau pob un wedi bod yn gwbwl wahanol wrth ddelio â ni'r chwaraewyr.

Mae'n amhosib gorbwysleisio rôl yr hyfforddwr. Nhw sy'n rheoli ein gyrfaoedd ni'r chwaraewyr mewn gwirionedd, a phan fyddan nhw wedi penderfynu cyfeiriad gyrfa unigolyn neu rywbeth ynglŷn â'i ddull o chwarae, yna dyna fydd yn digwydd. Fel arfer fydd hynny ddim yn broblem ond mae adegau'n codi pan fydd eu penderfyniadau yn ein synnu ni'r chwaraewyr. Un o'r rhai cymharol ddibwys i fi oedd cael fy newis i chwarae yn yr ail reng ar gyfer sawl gêm yng nghystadleuaeth Cwpan

Ewrop. Doedd gwneud hynny ddim wedi croesi fy meddwl o gwbwl, ond dyna lle ces i'n rhoi gan Gareth Jenkins ar gyfer rhai o'r gêmau enwog 'na gawson ni yn erbyn Northampton, er enghraifft. Fe wnaeth ambell hyfforddwr arall yr un peth mewn tymhorau yn dilyn hynny ac fe chwaraeais yn yr ail reng yn erbyn Ulster a Stade Français. Wel, fe alla i ddweud ei fod yn brofiad o leia, ac yn rhywbeth i'w roi ar y CV.

Gareth Jenkins oedd yr hyfforddwr cynta i fi ei gael, heblaw am hyfforddwyr rhai timau ysgol a lleol wrth gwrs. Wedi iddo gymryd gair Huw Thomas a rhoi cyfle i fi ymuno â'r Scarlets, cymerodd ddiddordeb mawr yn'o i. Bydde fe wastad yn dod draw i weld gêmau'r tîm dan 16 er mwyn cadw llygad ar y bois oedd yn addawol yn ei farn e. Do'n i ddim yn ei adnabod e bryd hynny ond ro'n i'n gwbod amdano a'r hyn roedd e wedi'i gyflawni. Fe, wedi'r cyfan, oedd hyfforddwr y Scarlets pan es i i'r Strade i'w gweld yn curo Awstralia, a fe arweiniodd Llanelli i ennill nid yn unig y gêm honno ond y bencampwriaeth a'r cwpan hefyd. O ganlyniad, cafodd y tîm yr anrhydedd o fod y tîm gorau ym Mhrydain a Gareth yn cael ei gydnabod fel un o'r hyfforddwyr clwb mwya llwyddiannus erioed. Oedd, roedd bod o dan ei hyfforddiant yn gyfle da iawn i ddechre fy ngyrfa.

Bob nawr ac yn y man bydde'n dod draw ata i ac yn cael sgwrs ynglŷn â sut roeddwn i'n gweld fy hunan yn datblygu fel chwaraewr, ac roedd y sgyrsiau hynny hefyd wastad yn cynnwys rhai sylwadau ar fy null i o chwarae. Daeth yn amlwg ei fod yn ystyried y gallen i fod yn rhan o'i gynlluniau ehangach, ffaith a gadarnhawyd pan ddeallais fod hyfforddwyr y tîm dan 16 yn rhoi adroddiadau cyson i Gareth am y cynnydd a wnawn fel chwaraewr. Daeth ambell gyfle i gael sesiynau ymarfer gyda bois y tîm cynta a mewn â fi i ganol sêr fel Frano Botica, Scott Quinnell a chwaraewyr tebyg. Penderfyniad doeth gan Gareth oedd rhoi'r cyfle cynnar iawn yna i fi oherwydd fe roddodd hwb i fi barhau i ddatblygu a gwneud hyd yn oed mwy o ymdrech i wella fy sgiliau. Penderfyniad Gareth oedd cynnig y cytundeb deuol i fi gyda'r Scarlets a Llanymddyfri a Gareth ddewisodd fi i chwarae i'r tîm cynta y tro cynta hwnnw. Buodd yn hyfforddwr arna i gyda'r Scarlets tan iddo adael i gymryd gwaith hyfforddwr Cymru ar ddiwedd tymor 2005/6.

Dyna yw cryfder Gareth Jenkins. Mae'n nabod ei chwaraewyr. Mae'n gwbod ein bod ni i gyd yn wahanol a bod angen delio â ni mewn ffyrdd gwahanol. Ond beth bynnag oedd y gwahaniaethau rhyngon ni i gyd fel unigolion, roedd ganddo'r ddawn i wneud i bob chwaraewr deimlo balchder ynddo'i hunan. Deallai beth oedd yn bwysig i fi ac felly beth oedd yn debygol o'n sbarduno i i chwarae'n well. Does dim amheuaeth ei fod e hefyd yn gweithio'n galed ar ddatblygu ei ddull o fynegi ei hun fel y gallai gyfleu ei syniadau i ni'r chwaraewyr. Yn hynny o beth, roedd yn hyfforddwr cyn ei gyfnod yn y modd y defnyddiai seicoleg chwaraeon, er na fydde fe wedi'i alw'n hynny mae'n siŵr, na chwaith honni ei fod yn arloesol. Mae'n berson rhy hoffus i wneud hynny.

Des yn gyfarwydd yn gynnar iawn â'r areithiau y bydde Gareth yn eu rhoi yn y stafell newid cyn gêmau. Mae'r cyfnod hwnnw'n gallu bod mor allweddol ac, unwaith eto, roedd Gareth yn feistr ar ein hysbrydoli ni fel tîm. Emosiwn oedd ei brif arf, tynnu ar y llinynne hynny yn ein calonnau. Un dull o siarad fydde ganddo ar gyfer gêmau'r gynghrair ond bydde fe'n troi at ffyrdd eraill pan fydden ni'n chwarae yng Nghwpan Ewrop. Roedd chwarae 'Hen Wlad fy Nhadau' ar y bws wrth i ni barcio ym maes parcio Caerloyw yn enghraifft amlwg o hynny!

Mae'r ddawn o siarad cyn gêm yn grefft, ac fe fydde Gareth ei hun wedi bod yn rhan o un o'r areithiau enwoca yn hanes y Scarlets, sef yr un a wnaeth Delme Thomas fel capten ar y diwrnod y curodd Llanelli'r Crysau Duon. Pennawd y *Western Mail* y diwrnod canlynol oedd 'Brilliant Delme Talk Had Me In Tears', gan ddyfynnu Phil Bennett. Mae araith gan Phil ei hun, fel capten Cymru yn erbyn Lloegr yn 1977, hefyd yn rhan o chwedloniaeth rygbi erbyn hyn. Trodd at sêr y saithdegau a oedd o'i gwmpas a dweud,

'Look what these bastards have done to Wales. They've taken our coal, our water, our steel. They buy our homes and live in them for a fortnight every year. What have they given us? Absolutely nothing. We've been exploited, raped, controlled and punished by the English – and that's who you are playing this afternoon.'

Bydden i wedi dwli bod yno i glywed y geiriau 'na! Roedd Gareth Jenkins yn llwyddo i gyfleu 'run fath o neges pan fydden ni'n chwarae Castell Nedd neu Abertawe ac yn sicr wrth wynebu timau yng Nghwpan Heineken. Dyna pryd y bydde fe'n tynnu ar ein treftadaeth a thraddodiadau hir y clwb gan ein gosod ni fel carfan yn ein cyd-destun hanesyddol cyn camu ar dir y Strade. Mae'n swnio'n od, ond roedd e'n gweithio. Rhyngddyn nhw, roedd Grav a Gareth Jenkins yn llwyddo i greu emosiwn oedd y tu hwnt i eiriau ar adegau.

Ar y cae roedd yn dactegydd syml iawn, yn dibynnu ar yr hen ffordd o chwarae. Er gwaetha ei lwyddiant ysgubol gyda'r clwb, fydden i ddim yn honni taw fel tactegydd y bydd pawb yn cofio Gareth Jenkins. Pan ddaeth yr amser iddo adael Llanelli, oedd, roedd pawb yn siomedig, ond roedd teimlad unfrydol y dyle fe gael y cyfle i hyfforddi Cymru.

Ond wnaeth Gareth Jenkins erioed roi cap i fi. Er gwaetha'r ffaith i mi fod am un tymor ar ddeg yn rhan o drefniant y Scarlets mewn rhyw ffordd neu'i gilydd, wnaeth e mo 'newis i i chwarae dros Gymru. Dyna roeddwn i'n ei gredu ar y pryd beth bynnag. Ond clywes sibrydion o sawl cyfeiriad ers hynny iddo 'newis i yng ngharfan Cymru ond i'w ddymuniad gael ei rwystro gan hyfforddwr y Scarlets ar y pryd, Phil Davies. Heb yn wbod i fi, ro'n i wedi bod yng nghanol brwydr rhwng y clwb a Chymru. Dyna enghraifft o ymyrraeth hyfforddwr yng ngyrfa chwaraewr sydd efalle damed bach yn fwy difrifol.

Yn ôl yr hyn dw i wedi'i glywed, roedd Phil Davies yn pryderu ei bod hi'n rhy glou i fi ymuno â charfan Cymru wedi i mi gael llawdriniaeth. Ym mis Mehefin 2006 ces lawdriniaeth ar fy ysgwydd er mwyn delio ag effeithiau chwarae cyson ar ran o'r corff sydd mor allweddol i flaenasgellwr. Roedd yn gyfle i adnewyddu a chryfhau rhywfaint ar yr ysgwydd felly. Bues i mas o'r gêm am rai misoedd wedi hynny ac fe ddes 'nôl i dîm y Scarlets ar ddiwedd y flwyddyn honno.

Roedd Gareth ishe i fi ymuno â charfan Cymru ar gyfer gêmau'r Chwe Gwlad yn 2007. Roedd Phil yn ofni na fydde'r ysgwydd yn dal y straen, felly ches i mo 'nghynnwys yng ngharfan Cymru. 'Nes i ddim chwarae mewn unrhyw gêm dros yr haf hwnnw ond, yn waeth byth, am nad oeddwn wedi bod yn rhan o'r gêmau rhyngwladol drwy'r flwyddyn es i ddim ar daith Cwpan y Byd yn 2007 chwaith. Beth bynnag yw'r gwirionedd, dyna'r ffeithiau ges i. Mae'r math yna o agwedd gan hyfforddwyr yn fwy cyffredin nawr nag oedd e bryd hynny, lle mae'r clwb yn bwysicach na'r chwaraewr.

Ces fy mlas cynta ar fywyd rygbi rhyngwladol o dan y 'Great Redeemer' ei hunan, Graham Henry. Cael fy ngalw i'r garfan yn hwyr 'nes i, ac er na wnes i chwarae o gwbwl, roedd bod yn rhan o'r paratoi a'r awyrgylch yn sicr yn gam mawr 'mlaen i fi. Roedd bod yng nghwmni Graham Henry hefyd yn eitha anrhydedd. Falle wir i fi elwa cryn dipyn o fod yn rhan o'r holl drefniadau er na wnes i chwarae o gwbwl. Roedd yn gam cynta pwysig a sicrhaodd fod y cam nesa, sef ennill y cap go iawn, damed bach yn haws.

Allai arddull yr hyfforddwr a roddodd fy nghap cynta i fi ddim bod yn fwy gwahanol i'r hyn roeddwn wedi dod yn gyfarwydd ag e ers dechre fy ngyrfa, sef dull Gareth Jenkins o hyfforddi. Roedd ishe gradd i ddeall system leiniau Steve Hansen! Fe, yn ddi-os, yw'r technegydd gorau o blith yr hyfforddwyr dw i wedi gweithio 'da nhw. Bydde fe'n rhoi sylw manwl i'r manylyn lleia. Newidiodd ein ffordd o chwarae yn llwyr yn ardal y dacl, gan gyflwyno system roedd e'n ei galw'n 'presentation on the far side'. Hynny yw, wrth gwympo â'r bêl yn ein dwylo a bod yn barod i'w chyflwyno 'nôl i'r tîm, yn hytrach na gorwedd ar yr ochor agosa at ein cyd-chwaraewyr rhaid oedd gorwedd ar yr ochor bella. Yn nhyb Hansen, roedd hyn yn ei gwneud yn anoddach i'r gwrthwynebwyr ennill y bêl oddi wrthon ni. Roedd yn iawn, wrth gwrs, ond fe gymerodd sbel i ni'r chwaraewyr beidio â dilyn ein greddf o gwympo yn y ffordd a fuodd yn rhan o'n gêm ni ers i ni fod yn blant, a chwympo'r ffordd arall. Dysgodd i ni hefyd fynd i 'nôl y bêl o'r ochor – rhywbeth nad oedden ni'n gyfarwydd â gwneud. Diolch byth, fe gydiodd ei syniadau yn y diwedd.

Ei bwyslais bob tro oedd y bydde ein llwyddiant yn dechre pan fydde'r pethe roedd e'n eu dysgu i ni yn cydio go iawn. Dyna oedd y tu ôl i'w sylw cyson, 'Barnwch ni ar ein perfformiad yng Nghwpan y Byd!' Rhan o hyn hefyd oedd disgyblaeth. Fel cyn-blismon, mae'n siŵr ei fod yn sylweddoli pwysigrwydd disgyblaeth ymhob agwedd ar fywyd, a dyna beth a ddisgwyliai oddi wrthon ni. Rhoddai bwyslais ar gadw amser, sut bydden ni'n cyflwyno ein hunain yn gyhoeddus, beth roedden ni'n ei wisgo ac yn y blaen ac roedd hynny iddo fe yr un mor bwysig â thactegau ar y cae. Does neb ers ei gyfnod e wedi rhoi cymaint o bwyslais ar yr agwedd honno ar y gêm. Daeth trefniadau newydd a ffurfiol i mewn i'n gwersyll. Doedd e ddim yn fodlon i ni fynd adre o westy'r Vale heb gael caniatâd ganddo fe. Un bore roedd e'n sefyll yn un o ffenestri'r Vale pan welodd e Dafydd James yn gyrru 'nôl i mewn i'r maes parcio. Aeth allan i gwrdd â fe a holi ble roedd e wedi bod. Dwedodd Dafydd ei fod wedi mynd mas i'r car i 'nôl dau DVD, ac roedd dau DVD yn ei law. Ond dyna pryd y cafodd greddf y cyn-blismon ei hamlygu. Gwyddai nad oedd stori Dafydd yn wir ac aeth i gefn y car a theimlo'r egsôst. Wedi gweld ei fod yn dwym, anfonodd Dafydd adre yn y fan a'r lle, mas o'r garfan, am ddweud celwydd wrtho. Gellir dadlau bod gweithred o'r fath yn un eithafol, ond ei ymresymu oedd nad oes un chwaraewr yn bwysicach na'r garfan a bod gan unigolyn gyfrifoldeb at bob un o'r gweddill.

Rhinwedd arall gan Steve Hansen oedd y dull y bydde fe'n trin y cyfryngau – hynny yw, o'n safbwynt ni'r chwaraewyr. Yn ddi-ffael, roedd yn ein hamddiffyn yn gyhoeddus, yn dangos ei gred a'i hyder ynon ni. Ond y tu ôl i ddrysau caeedig bydde fe'n siarad yn llym iawn, yn mynd yn wallgo'n aml, a dweud wrthon ni'n ddigon plaen pan fydde angen gwella neu ddatblygu rhyw sgìl yn ein chwarae neu pan sylwai ar wendid yn ein hagwedd. Bydde fe wastad yn dweud 'We know what we're doing' wrth y cyfryngau, 'we' nid 'I', a thrwy wneud hynny roedd e'n ein cynnwys ni'r chwaraewyr yn y broses. Doedd dim 'ni' a 'nhw' 'da fe a fel'na dyle hi fod.

'Sdim ishe dweud bod hynny'n wahanol iawn i agwedd yr hyfforddwr ola y gwnes i chwarae iddo dros Gymru, sef yr hyfforddwr presennol, Warren Gatland. Dyw'r chwaraewyr ddim yn hapus â'i arferiad o feirniadu unigolion yn hallt ac yn agored yn y cyfryngau yn dilyn gêmau. Fe allai ddysgu gwers gan ei gyd-Kiwi, Steve Hansen, yn hyn o beth. Mae'r ffordd y gwnaeth e drin Ryan Jones yn warthus ac mae'n glod i Ryan ei fod e wedi delio â'r holl beth mewn ffordd mor aeddfed. Mae Ryan wedi teimlo i'r byw yn sicr, ond mae wedi dangos cymeriad aruthrol ac wedi dod 'nôl i chwarae gan gynnal y safonau ucha yn ei gêm. Mae gen i barch aruthrol iddo gan ei fod yn Gymro balch tu hwnt. Er clod i Ryan, ac er gwaetha'r hyn a wynebodd dros y blynyddoedd diwetha yng ngharfan Cymru, buodd yn gefn aruthrol i Matthew Rees fel capten presennol Cymru. Mor rhwydd y gallai fod wedi ildio, troi ei gefn a pheidio trafferthu ond mae'n fwy o ddyn na hynny.

Steve Hansen: rheolwr, tactegydd, gŵr stwbwrn, ond arweinydd tîm. Gwahanol iawn eto oedd hyfforddwr newydd y Scarlets a ddaeth i lenwi'r bwlch ar ôl Gareth Jenkins. Daeth Phil Davies i'r clwb fel cyfarwyddwr rygbi, ac roedd hynny'n arwydd o agwedd yn sicr. Cafwyd llwyddiant ar y cae yng Nghwpan Ewrop unwaith eto – fe oedd wrth y llyw yn y ddwy gêm enwog yn erbyn Toulouse – a gweithiodd yn galed uffernol. Ond roedd ganddo ei wendidau. Mynnai Phil gael ei ffordd ei hunan. Mewn cyfnod pan oedd sefyllfa ariannol y clwb yn ddigon bregus, mynnodd wario arian ar sicrhau chwaraewyr newydd, chwaraewyr nad oedd hi'n hollol amlwg i ni pam ei fod mor awyddus i'w harwyddo. Er mwyn gwneud lle i Simon Maling, Rob Higgitt, Bruce Douglas, Hottie Louw ac ambell un arall, fe gafodd wared ar ddau chwaraewr rhyngwladol, Barry Davies a Matthew J Watkins. Doedd y ddau ddim ishe gadael a buodd yn rhaid i'r clwb dalu degau o filoedd i'w rhyddhau o'u cytundebau. Gwastraff arian llwyr. Doedd y mewnwr ifanc talentog Liam Davies ddim ishe gadael chwaith ond mynd fu'n rhaid iddo fe hefyd. Yr eironi yw, o fewn cyfnod byr iawn, roedd y chwaraewyr a arwyddodd Phil i'r clwb wedi gadael

– does 'run ohonyn nhw'n dal yno erbyn hyn. Bydde wedi bod gymaint yn well pe bai wedi arwyddo un neu ddau o chwaraewyr profiadol fydde wedi rhoi llwyfan cryfach i ni.

Gwastraff arian llwyr hefyd oedd arferiad Phil o fynd â ni fel carfan Llanelli i aros yng ngwesty St Brides yn Saundersfoot. Roedd mynd yno gyda charfan Cymru o dan Steve Hansen yn gwneud synnwyr, ond mater arall oedd i glwb Llanelli fynd yno gan nad oedd arian Undeb Rygbi Cymru y tu ôl i ni wrth fynd gyda'r clwb. Do'n i ddim yn gweld unrhyw bwynt yn hynny beth bynnag, ac fel yna ro'n i'n teimlo hefyd ynglŷn â mynd am sesiynau *de-brief* i westy'r Towers yn Abertawe. Pam? Y nod yn ôl pob tebyg oedd meithrin agwedd fwy proffesiynol ynon ni fel carfan. Go brin.

Erbyn y diwedd roedden ni'n dechre colli gêmau'n gyson ac roedd ein rhediad yng Nghwpan Ewrop yn gwaethygu hefyd. Yr embaras mwya oedd colli i Clermont gartre o 41 i 0. Pharodd Phil ddim yn hir iawn wedi hynny. Roedd lot ohonon ni'r chwaraewyr yn dechre gweld sut a pham roedd pethe'n mynd o'i le a hynny yn ei dro yn aflonyddu rhywfaint ar y garfan yn anffodus.

Mae lot yn cael ei ddweud, ym myd pêl-droed yn fwy nag ym myd rygbi falle, am ddylanwad y chwaraewyr ar y penderfyniad i gael gwared ar hyfforddwr. Dyna'n sicr oedd y gŵyn pan adawodd Mike Ruddock ei swydd fel hyfforddwr tîm Cymru hanner ffordd trwy gystadleuaeth y Chwe Gwlad yn 2006. Y sôn oedd bod rhai o'r chwaraewyr hŷn, fel Gareth Thomas a Stephen, wedi bod yn cwyno amdano ac ishe cael gwared arno fe. 'Colli'r stafell newid' yw'r term, wrth gwrs, ac mae'n siŵr ei fod yn digwydd. Ond ddigwyddodd e ddim yn achos Mike Ruddock ac mae'n annheg beio'r chwaraewyr am orfodi i Ruddock adael ei swydd. Undeb Rygbi Cymru wnaeth y penderfyniad a rhaid gofyn iddyn nhw pam y gwnaethon nhw hynny, yn hytrach na rhoi'r bai ar y chwaraewyr.

Roedd ambell broblem wedi codi ar ddechre 2006. Roedd nifer ohonon ni yn anfodlon gydag ambell beth ar y pryd, nid dim ond y chwaraewyr hŷn a gafodd y bai i gyd. Ond dw i ddim wedi bod mewn carfan lle nad oes ambell broblem yn codi, ambell asgwrn i'w grafu a gwrthdaro bach rhwng chwaraewr a hyfforddwr. Cododd ambell broblem yng ngharfan Cymru yng Nghwpan y Byd yn 2003, er enghraifft, ond fe wnaeth Steve Hansen ddelio â nhw o fewn y garfan, a setlwyd popeth yn y fan a'r lle a 'mlaen â ni. Roedden ni ymhell o adre yn 2003 ac roedd yn haws delio ag unrhyw broblem fydde'n codi yn y ffordd gywir heb dynnu sylw gormodol ati a heb gael pobl yn edrych dros ysgwydd ein hyfforddwr ar ei ddulliau o weithredu. Sut y caiff y materion hyn eu trin sy'n bwysig ac nid a ydyn nhw'n codi yn y lle cynta. Mae hynny'n siŵr o ddigwydd mewn unrhyw grŵp o bobl ac fe ddyle'r chwaraewyr wastad gael yr hawl i fod yn onest o fewn y garfan.

Daeth Ruddock yn hyfforddwr Cymru yn 2004 ac fe aeth â ni ar daith i'r Ariannin. Roedd yn sefyllfa anodd ar y pryd gan fod yr holl sïon yn awgrymu taw Gareth Jenkins fydde'n cael ei benodi'n hyfforddwr Cymru. Fe oedd ffefryn y bobl, fel petai, ac roedd pawb o'r farn taw Gareth fydde'n cael y swydd. Ond ar y funud ola, i mewn y daeth Mike Ruddock. Mae amser wedi dangos ei fod yn benodiad call, am i ni fynd yn ein blaen o dan ei arweiniad a chipio'r Gamp Lawn yn 2005 am y tro cynta ers oes aur y saithdegau. Ond nid fel'na roedd pethe'n edrych ar y pryd.

Y peth amlwg wnaeth Ruddock oedd cryfhau'r pac, rhoi lot mwy o bylc i ni a meithrin agwedd tamed bach yn fwy stwbwrn. Newidiodd Gethin Jenkins i chwarae fel prop pen rhydd yn hytrach na phrop pen tyn lle roedd e wedi bod yn chwarae cyn hynny. Hefyd, rhoiodd e fwy o gyfle i Shane a does dim dwywaith fod hynny yn gam 'mlaen. Chwaraeodd Shane yn yr ail brawf mas yn yr Ariannin gan sgorio tri chais yn yr hanner cynta. Roedd yn grêt ei weld e'n cael y fath gyfle. Diolch byth, roedd yn awyddus i gadw fi yn y garfan ac fe wnes i chwarae yn y gêmau yn yr Ariannin, yn Ne Affrica ac yng nghyfres yr hydref yn 2004.

Ruddock roddodd y cyfle i ni fel tîm Cymru gipio'r Gamp Lawn, gan sicrhau bod nifer ohonon ni'n cyrraedd ein huchafbwynt o ran llwyddiant yn ein gyrfaoedd, ac all neb dynnu hynny oddi wrtho. Does neb yn ennill y Gamp Lawn ddwy flynedd yn olynol, na'r bencampwriaeth chwaith, felly os oedd disgwyliadau i Ruddock wneud hynny, roedden nhw ychydig bach yn annheg.

Dw i wastad wedi dod 'mlaen yn dda iawn gyda hyfforddwyr o Seland Newydd, felly newyddion da i fi oedd y cyhoeddiad fod Warren Gatland wedi'i benodi'n hyfforddwr ar Gymru. Yn anffodus, roedd hynny'n cyd-fynd â chyfnod gwael i fi'n bersonol o ran safon fy chwarae a fy ffitrwydd. Fe golles lot o gêmau rhyngwladol yn 2007 gan nad oedd lle i fi yng ngharfan Gareth Jenkins. Yn 2008, roeddwn yn ymladd yn erbyn fy mhwyse ac felly doeddwn i ddim wedi cael fy newis i fod yn rhan o garfan y Chwe Gwlad pan enillon ni'r Gamp Lawn unwaith eto. Profiad od oedd ishte gartre a gwylio'r gêmau hynny. Roeddwn yn teimlo'n falch iawn dros y bois, sawl un yn ffrindie agos i fi, ond roedd yn rhyfedd iawn peidio â bod yn rhan o'r cyfan. Roeddwn 'nôl yn y garfan ar gyfer taith i Dde Affrica yn 2008 ac wedi cadw fy lle ar gyfer gêmau'r Chwe Gwlad yn 2009, gan barhau yn y garfan wedyn tan i fi chwarae fy ngêm ola yn erbyn Seland Newydd yn yr hydref. Fe wnes i fwynhau cyfnod hir yng ngharfan Gatland a mwynhau fy rygbi unwaith eto.

A finne nawr wedi gorffen chwarae i Gymru, yr hyn sy'n fy nharo i ynglŷn â Warren Gatland yw'r gair Saesneg *predictable*. Yn anffodus, beth bynnag yw ei gryfderau, dim ond un ffordd o chwarae mae'n gyfarwydd â hi. Rhwystredig iawn yw bod ar y cae a gweld nad yw'r ffordd honno'n gweithio mewn gêm, ond does dim modd newid y patrwm o gwbwl. Rhaid dal i weithredu cynllun y gêm er ein bod yn gwbod nad yw'n llwyddiannus. Dw i ddim yn siŵr chwaith ydi ei ddull e o chwarae'r gêm yn gweddu i steil yr unigolion sydd ganddo yn ei garfan. Mae pawb yn gwbod beth i'w ddisgwyl nawr pan fyddan nhw'n chwarae yn erbyn Cymru.

Un dyn bach sydd ar ôl, sef yr hyfforddwr ola i fi chwarae iddo fe yng nghlwb y Scarlets, Nigel Davies. Mae Nigel yn wahanol i'r lleill mewn un ffordd amlwg. Fe yw'r unig un dw i'n ei nabod fel

127

cyd-chwaraewr hefyd, gan ei fod yng ngharfan y Scarlets pan ddechreues i gyda'r clwb. Roeddwn yn ei nabod yn dda pan ddechreuodd hyfforddi'r Scarlets. Un peth amlwg iawn sydd i'w ddweud am Nigel mewn gwirionedd sef ei lwyddiant wrth feithrin a datblygu talent ifanc amrwd mewn amgylchiadau digon anodd. Mae'r ffaith i gymaint o'r bois ifanc hyn ennill eu capiau cynta yn y blynyddoedd diwetha yn glod i'w allu – George North, Tavis Knoyle, Rhys Priestland, Josh Turnbull, Rob McCusker a Jon Davies, ac fe gafodd y chwaraewr talentog iawn Ken Owens ei alw i garfan Cymru yn yr un cyfnod. Dyma fechgyn allai fod yn nhîm Cymru am flynyddoedd – casgliad difyr iawn o chwaraewyr unigol, talentog. Cewri yn wir.

A dyw e ddim yn gyd-ddigwyddiad bod llwyddiant y sêr ifanc hyn, a nifer fawr ohonyn nhw yn flaenwyr, wedi digwydd wedi i Robin McBryde ddod 'nôl i fod yn rhan o dîm hyfforddi'r Scarlets. Fe yw hyfforddwr y blaenwyr nawr ac mae ei ddylanwad ar ddatblygu doniau naturiol y chwaraewyr ifanc yn aruthrol. Dw i wedi chwarae yn yr un pac â Robin ac mae e wedi cael cryn effaith ar fy ngyrfa i. Mae dyfodol disglair iddo fel hyfforddwr heb os. Robin yw'r unig un all ddweud bod ganddo record 100% fel hyfforddwr Cymru! Gofalodd am y tîm cenedlaethol ar gyfer dwy gêm gan ennill y ddwy. Dyna i chi gwestiwn ar gyfer cwis tafarn!

Pe bai rhaid fy ngorfodi i ddewis o blith yr hyfforddwyr a rhoi un neu ddau ar ben y rhestr, wel, fydde hynny ddim yn anodd iawn. Gareth Jenkins yn gynta am roi'r cyfle i fi ac am ddechre'r broses o'm hyfforddi i gyrraedd y safon o fod yn

chwaraewr rhyngwladol. Ac yna Steve Hansen, am
roi gweledigaeth gwbwl newydd i fi o'r gêm ac am
ddangos pwysigrwydd gwella fy hunan fel person nid
yn unig ar y cae ond yn fy mywyd bob dydd hefyd, a
hynny er mwyn gallu chwarae'n well.

# 11

# Ceffylau
# Bach a Mawr

MAE PARC Y Scarlets yn sicr yn un o brif atyniadau de-orllewin Cymru. Mae'r adnoddau yno'n arbennig o dda, mewn stadiwm rygbi sydd yn unigryw ym Mhrydain gan ei bod yn un a gafodd ei hadeiladu ar gyfer chwarae rygbi'n unig. Mae pobl y Gorllewin hyd yn oed yn fwy lwcus gan fod adnoddau da eraill o fewn rhai milltiroedd i Barc y Scarlets. Cyfeirio ydw i at gwrs golff Machynys a chae rasys Ffos Las.

Newyddion da iawn i fi oedd agor Ffos Las, gan taw cam ceiliog yw e o ble dw i'n byw. Nid pêl rygbi yw popeth i fi, cofiwch! Mae gen i ddiddordebau eraill o fewn byd y campau sydd yr un mor ddwfn ac sy'n fy ngwneud i yr un mor emosiynol â rygbi. Wel, bron â bod beth bynnag.

Dechreuodd y diddordeb mewn ceffylau 'nôl yn y dyddiau pan o'n i'n mynd gyda Dad i ddilyn helfa Llanwnnen. Ers y dyddiau cynnar hynny mae gen i ddiddordeb mewn sawl math o ddigwyddiadau sy'n ymwneud â cheffylau ac mae hynny wedi para tan heddi.

Wedi i fi deimlo'r wefr wrth hela, a'r ceffylau o 'nghwmpas i'n carlamu'n llawn cyffro ar draws y tir, ro'n i ishe ceffyl fy hunan. Buodd Dad bron â phrynu ceffyl i fi unwaith, a finne'n agos iawn at fod yn berchen ar un. Ond ddigwyddodd hynny ddim a doedd dim dewis 'da fi ond mynd i ddigwyddiadau oedd yn ymwneud â cheffylau bob cyfle posib er mwyn cynnal y diddordeb.

Y cam nesa oedd y rasys trotian. Fe gydiodd hwnna yn'o i go iawn pan o'n i'n dal yn yr ysgol. Fe ddechreues fynd gyda Jeff a Nox ei dad, oedd yn stiwardio yn y rasys. Pan fydde cyfle bydde Dad yn dod gyda ni hefyd ac roedd yn help, wrth gwrs, bod cae rasys yn Synod Inn, lawr yr hewl o Lanarth. Byddwn yn mynd yno'n gyson gyda'r bois eraill ac yn mynd lan i Gaersws, Llandrindod, Pen-y-bont a ble bynnag bydde caeau rasys yn cynnal y trotian. Pen-y-bont oedd uchafbwynt y flwyddyn i fi, pentre bach reit yng nghanol Cymru oedd yn cael ei alw'n Wembley Cymru ar ddiwrnod y trotian, sef dydd Mercher cynta mis Awst. Roedd pobl yn dweud bod colli rasys Pen-y-bont 'run peth â cholli'ch pen-blwydd ac roedd yn sicr yn ddiwrnod mawr i fi fel crwt ifanc. Do'n i ddim yn gwbod ar y pryd, ond mae Pen-y-bont wedi bod yn lle pwysig ym myd y rasys ers ugeiniau'r ganrif ddiwetha ac mae enw da iddo drwy'r byd i gyd.

Bydde'r rasys yn cael eu cynnal ar gaeau ffermydd a gâi eu paratoi'n arbennig, gan symud y defaid oddi yno a gosod y pyst bach gwyn mas i farcio cwrs y trac. Pan o'n i'n 16 aeth gang ohonon ni lan i Ben-y-bont am y diwrnod. Fel roedd hi'n digwydd, roedd dau geffyl o Geredigion yn rasio'r diwrnod hwnnw a'n gobeithion ni am lwyddiant lleol yn ychwanegu lot at ddisgwyliadau'r dydd.

Ro'n i'n deall digon i wbod sut oedd rhoi ceiniog neu ddwy ar y rasys hefyd, felly fe roies i fy arian ar y ddau geffyl o Geredigion ar yr hyn maen nhw'n ei alw'n *ante post*, sef gosod bet awr cyn i unrhyw ras ddechre a chael telere da. Teifi General oedd yn rasio gynta ac fe ddaeth i'r blaen yn hwyr ac ennill ei ras. Ennill hefyd wnaeth Gee Whizz, ceffyl o bentre Plwmp. Pumpunt roies i ar y ceffylau, dw i'n cofio hynny, gan taw dyna'r mwya y gallen i ei fforddio ar y pryd. Fe es i adre â'r swm mwya o arian i fi erioed ei ddal yn fy llaw ar y pryd, sef £146. Fi brynodd y gamwn, wy a *chips* yn y caffi yn Rhaeadr ar y ffordd 'nôl y diwrnod hwnnw, does dim dowt! Diolch byth, wnaeth hynny ddim creu ysfa yn'o i i gamblo o ddifri, er y bydda i'n rhoi ambell bet yn weddol gyson cofiwch, ond dim mwy na hynny. Ond fe wnaeth e gyfrannu'n sylweddol at danio'r diddordeb yn y ceffylau. Doedd dim angen lot o anogaeth ond roedd £146 yn help sylweddol.

Roedd y rasys trotian yn bwysig yn ein hardal ni, a lot o hyfforddwyr yn byw yn lleol yn ogystal â phobl fel Nox yn stiwardio neu'n helpu mewn rhyw ffordd neu'i gilydd ar ddiwrnod y rasys. Roedd felly yn gam naturiol i fi fod yn rhan o'r byd hwnnw ac roeddwn wrth fy modd. Yn sicr, fe wnâi i fi deimlo'n gryfach nag erioed 'mod i ishe cael ceffyl fy hunan. Doedd hynny ddim yn bosib ar y pryd a nawr, wrth edrych 'nôl, dw i'n teimlo bod hynny'n beth da. Ro'n i wedi dechre teithio lawr i Lanelli a chyfrifoldebau eraill yn dechre datblygu. Bydde gorfod edrych ar ôl ceffyl wedi bod yn un cam yn ormod, er bod gen i syniad eitha clir, hyd yn oed bryd hynny, y bydde ceffylau yn rhan amlwg o 'mywyd i wedi i ddyddiau chwarae rygbi ddod i ben.

Y rygbi oedd yn gyfrifol am y ffaith na allwn i fynd i lawer o rasys ceffylau yr adeg hynny. Y tro cynta i fi fynd, gyda Jeff wedyn, oedd i Gas-gwent i weld y rasys ond ches i fawr ddim cyfle am dripiau i'r rasys wedi hynny. Eto i gyd, roedd yr hedyn wedi'i hau a bydde fe'n egino rai blynyddoedd yn ddiweddarach. Roedd wastad modd rhoi punt neu ddwy ar geffylau oedd yn sicr o ennill – ond am ryw reswm fe ddigwyddai rhywbeth anesboniadwy iddyn nhw reit ar y diwedd, bob tro!

Cyd-ddigwyddiad llwyr yw e mewn gwirionedd, ond ces i fy ngheffyl cynta lai na deufis ar ôl i fi gael yr anaf ar fy ysgwydd yn erbyn y Crysau Duon. Doedd y cwestiwn ynghylch a fydde'n rhaid i fi orffen chwarae rygbi ddim wedi codi ar y pryd, felly doedd hynny ddim ar fy meddwl i pan es i ati i brynu ceffyl yn Ionawr 2010.

Prynes i gaseg fagu 14 mlwydd oed o'r enw Raise a Gale. Strong Gale oedd ei thad ac mae ganddo fe enw da drwy'r byd ceffylau am fod yn geffyl tadogi National Hunt o'r safon ucha. Mae Raise a Gale ei hun wedi ennill mewn rasys hefyd. Roedd yn gyfeb, ac fe ddaeth yr ebol hwnnw i'r byd wyth wythnos wedi i fi brynu'r fam. Prynes i'r gaseg, sydd erbyn hyn wedi'i hailenwi gan y teulu yn Mari, yn Ledbury ger Caerloyw mewn stabl safonol ac iddi enw da.

Jeff ddaeth gyda fi i'w 'nôl hi. Wedi aros mor hir cyn gallu cael ceffyl, ro'n i'n benderfynol y bydde'n dod o le da. Fe brynes gaseg deirblwydd oed yr un pryd, a dyna fi nid yn unig yn dod yn berchen ar geffyl ond yn dechre eu bridio hefyd. Sôn am fynd ati o ddifri o'r cam cynta. Mae'r ebol ddaeth i 'ngheffyl cynta yn gwneud yn arbennig o dda ar hyn o bryd ac mae wedi denu sylw pobl yn y byd ceffylau. Mae'n gryf, siâp da iddo ac mae mewn cyflwr grêt. Dw i wedi cael cynnig pris da amdano'n barod, oedd yn fwy na ro'n i wedi'i ddisgwyl. Ond dw i wedi'i wrthod. Mae Lili-Ela wedi enwi'r ebol yn George, mewn teyrnged i un o gymeriadau'r rhaglen deledu i blant, *Peppa Pinc*! I gwblhau enwau'r teulu o geffylau, Bob yw enw'r gaseg sydd bron yn bedair oed nawr. Mae Mari yn gyfeb unwaith eto erbyn hyn, ac ebol ar y ffordd a fydd yn gwmni i George, sydd yn flwydd oed.

Mae'r holl geffylau 'da fi gartre ym Mhorthyrhyd, ond mae'r gaseg fagu yn amlwg yn cael ei chadw ar wahân i'r lleill ar hyn o bryd. Mae'r cyfan wedi digwydd yn weddol glou a dweud y gwir, a thra 'mod i wedi bod yn meddwl ar hyd y blynyddoedd y bydde 'mywyd yn troi yn rhannol at fyd y ceffylau wedi dyddiau'r rygbi, doeddwn i ddim yn disgwyl y bydde fe'n digwydd cweit mor gyflym ag y gwnaeth e. Ond, er nad oedd cynllun manwl 'da fi, mae pethe wedi datblygu i greu sefyllfa ddigon taclus. Rhaid oedd gadael y rygbi yn gynt na'r disgwyl ac fe gydiodd y magu ceffylau ar yr union yr un adeg. Rhyfedd sut mae pethe'n troi mas.

Mae'n deimlad braf codi yn y bore a mynd mas i'r stabl i fwydo'r ceffylau ac edrych ar eu hôl. Mae'n cadw fi mewn cysylltiad gyda chefn gwlad a'i ffordd o fyw a does 'da fi ddim bwriad o werthu fy ngheffylau. Er mai hobi yw magu'r ceffylau, mae'n hobi yr hoffen i ddatblygu a'r cam nesa yw paratoi'r ceffylau fy hunan ar gyfer eu rasio. Bydd George yn cael ei dorri i mewn nawr ac wedyn y gobaith yw y bydda i'n gallu dechre ei hyfforddi ar gyfer rasio ymhen ychydig dros flwyddyn arall. Mae delio ag ebolion yn rhywbeth cwbl newydd i fi a dw i'n dysgu wrth weithio, ond diolch byth 'mod i'n byw mewn ardal lle does dim prinder pobl sy'n gwbod sut mae delio 'da ceffylau. Mae'n fendith hefyd fod George yn trafod mor dda ac yn dod o stoc o safon. Dw i wedi dysgu pwysigrwydd mynd at yr ebolion bach cyn gynted â phosib fel eu bod nhw'n dod yn gyfarwydd â phobl cyn mynd yn rhy glòs at eu mamau. Mae'r ebol bach yn gwbwl gyfforddus wrth gael ei drafod 'da fi a'r teulu.

Go brin ei fod wedi gwneud unrhyw argraff o gwbwl ar y gaseg, ond bues i'n ddigon lwcus i'w dal yn geni'r ebol. Fel arfer byddan nhw'n cadw eu hunain i'w hunain ac yn rhoi genedigaeth ganol nos pan na fydd unrhyw un o gwmpas. Ar y noson y daeth Mari â George i'r byd, roeddwn i wedi deffro ganol nos ac yn y stafell wely â thortsh yn edrych mas ar y cae lle roedd Mari. A dyna lle roedd hi'n geni ei hebol yn y fan a'r lle. Mewn un ffordd, doedd e ddim yn wahanol i'r lloi ro'n i wedi'u gweld yn cael eu geni cyn hynny, ond eto i gyd, roedd hyn yn rhywbeth gwahanol, yn rhywbeth sbesial am ei fod yn digwydd i geffyl o'm heiddo i. Rhyfedd oedd gweld greddf yr ebol newydd-anedig yn gweithio mor gyflym. Roedd ar ei draed o fewn chwarter awr ac yn sugno o fewn rhyw hanner awr. Erbyn hynny ro'n i mas ar y cae, gan sefyll yn ddigon pell yn ôl am sbel cyn mynd draw at yr ebol a chodi ei ben i gyfeiriad y fam er mwyn ei annog i sugno. A bant â fe i sugno.

Mae ceffylau'n cael eu pen-blwydd fel arfer ar Ionawr y cynta, 'sdim ots pryd cawson nhw eu geni. Felly mae'n well os caiff y ceffyl ei eni yn go agos at Ionawr. Pan ddaw'r rasio wedyn, yn enwedig rasio'r ceffylau dwyflwydd oed, mae ganddyn nhw rai misoedd o fantais dros y rhai iau a all wneud gwahaniaeth mawr mewn ras. Yr wythnos gynta ym mis Mai y cafodd George ei eni, ac mae hynny'n iawn. Mae'n ebol arbennig, fel dwedes i, a bydd pawb yn gofyn wedi'i weld, 'Beth ti'n ffido i hwn 'te?' Yr ateb yw, yn syml, dim byd yn wahanol i'r arfer, sy'n argoeli'n dda y bydd yn datblygu'n geffyl rasio cryf a chyflym yn y misoedd nesa.

Roedd gwahanu'r fam a'r ebol yn eitha addysg hefyd, mae'n rhaid dweud. Mae Mari'n tynnu 'mlaen mewn oedran nawr, felly roedd angen dangos cryn dipyn o gryfder i'w thynnu oddi wrth George a mynd â hi lan i Rhos, Llangeler er mwyn i'r ebol ddechre dysgu byw ar ei ben ei hun. Roedd e fel trin ambell flaenwr bach digon styfnig yn y sgrym neu'r sgarmes!

Dw i'n mawr obeithio y bydd rhai o 'ngheffylau i'n rasio cyn bo hir yn Ffos Las, a bydd yn deimlad braf iawn os bydd hynny'n digwydd. Mae agor cwrs rasys newydd cynta Prydain ers 70 mlynedd yn Sir Gâr wedi cael ei amseru'n dda iawn i fi. Mae'r lle wedi gwneud gwahaniaeth aruthrol i rasys ceffylau, nid yn unig yn yr ardal ond trwy Gymru gyfan a'r tu hwnt.

Pan agorodd y cwrs gallai dderbyn ychydig dros 12,000 o bobl. Cymaint oedd llwyddiant y misoedd cynta maen nhw wedi cael caniatâd i dderbyn 15,000 trwy'r gatiau erbyn hyn. Cynyddu hefyd wnaeth nifer y rasys o 16 yn y flwyddyn lawn gynta i 28 yn yr ail. Effaith hynny i gyd yw dod â phobl y byd rasys i ardal nad ydyn nhw wedi bod ynddi erioed o'r blaen.

Ond i fi, fel un sy'n dechre magu ceffylau, mae wedi rhoi cyfle i bobl leol fel fi na fydden ni wedi'i gael fel arall. Mae hyfforddwyr trwy Gymru nawr yn teimlo bod cyfle 'da nhw i gael ceffyl mas yn rasio, sef yr hyn mae pob hyfforddwr ei ishe. Alla i ddim aros i weld fy ngheffyl i'n carlamu ar hyd tir Ffos Las er ei fod e'n dipyn mwy o sialens i fagu eich ceffyl eich hunan a'i rasio. Os ydych am fentro i'r byd 'na trwy brynu ceffyl, mae gwell cyfle 'da chi erbyn hyn am fod modd dewis ceffyl o blith cannoedd i'w prynu bellach. Wrth fagu rhai eich hunain, mae'r cyfan yn dibynnu ar sicrhau bod un neu ddau o geffylau o'ch eiddo chi yn llwyddo ac mae hynny'n fwy o her o lawer.

Yn y cyfamser, mynd i Ffos Las gyda rhai o fois y Scarlets fydda i, a mwynhau diwrnod mas. Mae Regan King, Jon Davies, Rhys Priestland, Stephen Jones a fi'n mynd yno mor aml ag y gallwn ni. Mae ceffyl 'da Stephen Jones a Regan King, Ski Sunday, ac mae e wedi ennill ras. Ces i gynnig prynu siâr yn y ceffyl ond gwrthod 'nes i ar y pryd. Roeddwn newydd brynu'r fferm ym Mhorthyrhyd ac roedd Jac ar y ffordd, felly roedd pethe pwysicach 'da fi i wario arian arnyn nhw. Dw i ddim yn difaru o gwbwl ac fe ga i 'nghyfle cyn bo hir i gael ceffyl mas yn rhedeg yn Ffos Las.

Ffos Las oedd y man lle tries i ddod i wynebu'r newydd 'mod i'n gorfod ymddeol. Roedd gêm yn erbyn Caerlŷr ar y dydd Sadwrn, y gêm gynta ers i fi gyhoeddi bod yn rhaid i fi roi'r gorau iddi. Does dim ishe i fi ddweud ei fod e'n ddiwrnod anodd i fi, felly ar y diwrnod canlynol aeth y criw arferol draw i rasys Ffos Las a daeth rhai o fois Porthyrhyd 'da ni hefyd. Cwpwl o beints oedd hi i fod ond fel y digwyddodd hi fe fuodd e'n ddiwrnod lot mwy na hynny, gan i fi fynd 'nôl i'r Prince of Wales ym Mhorthyrhyd ar ôl y rasys.

Dyna beth oedd diweddglo go iawn i fy ngyrfa yn y byd rygbi. Mae'n syndod 'mod i'n cofio cymaint am y diwrnod, gan i fi fod yn dost, yn llythrennol, am wythnos wedyn. Roedd yn amlwg yn rhan o'r broses o ddelio â'r newyddion fod fy ngyrfa ar ben wrth i anaf fy ngorfodi i ymddeol yn gynnar. Roedd sawl cam yn y broses o ddelio â hynny, ac roedd y dydd Sul hwnnw yn Ffos Las yn un ohonynt. Dyw e ddim yn gyd-ddigwyddiad o gwbwl i hynny ddigwydd ar gae rasys, yng nghanol byd y ceffylau.

# 12

# Ffrogiau, *Fizz* a'r Arglwyddi

FIS MAWRTH ELENI aeth Lynwen a fi i Lundain am ddiwrnod sbesial iawn. Roedden ni ar ein ffordd i Dŷ'r Arglwyddi. Ie, fi, y crwt o Lanarth yn cael mynd i uwch-siambr senedd y Deyrnas Unedig! Ac ar ben hynny ro'n i'n mynd i ddigwyddiad yno oedd yn cael ei gynnal yn fy enw i. Trefnwyd cinio arbennig yn Nhŷ'r Arglwyddi fel rhan o 'mlwyddyn dysteb i gan glwb y Scarlets. Roedd lle i gant ac ugain yno a galw mawr am gael bod yn y cinio felly gwerthwyd pob sedd.

Pan fydd chwaraewr wedi chwarae i glwb am gyfnod hir, gall y clwb gynnig blwyddyn dysteb iddo fe er mwyn cydnabod ei wasanaeth hir. Caiff pwyllgor ei greu er mwyn trefnu'r gweithgareddau a'r digwyddiadau amrywiol yn ystod y flwyddyn honno. Fe ges i'r anrhydedd o gael cynnig fy mlwyddyn dysteb ar gyfer 2010/11 a'r pwyllgor a grëwyd sydd wedi penderfynu ar natur y digwyddiadau, gan gynnwys nifer fawr o giniawau, yn aml ar themâu amrywiol. Ond yn sicr, dyw cael cinio yn Nhŷ'r Arglwyddi ddim yn rhan o batrwm arferol blwyddyn dysteb.

Gwnaed hynny'n bosib trwy'r Arglwydd Rowlands, sef Ted Rowlands, a fu'n Aelod Seneddol dros Ferthyr Tudful am ddeng mlynedd ar hugain. Erbyn hyn mae wedi symud i Gydweli i fyw, a fe estynnodd y gwahoddiad i gynnal y cinio yn Nhŷ'r Arglwyddi.

Felly lan â Lynwen a fi, cyrraedd Llundain, newid ar gyfer yr achlysur a chroesi'r ddinas i Westminster, ein bagiau yn llawn o drugareddau amrywiol ar gyfer yr ocsiwn yn ogystal â nwyddau eraill yr oedd eu hangen y noson honno. Roedd hynny'n deimlad od iawn, mynd â phopeth oedd ishe 'da ni mewn bagiau, yn union fel petaen ni'n mynd â phethe ar gyfer noson mewn neuadd bentre, a ninne'n mynd i Dŷ'r Arglwyddi! Wrth y drws ffrynt roedd yn rhaid i'r holl fagiau gael eu harchwilio, cyn iddyn nhw dynnu ein lluniau a'u rhoi mewn tocynnau yr oedd yn rhaid i ni eu gwisgo am y gwddwg. Y funud aethon ni i mewn a cherdded ar hyd y coridorau wedyn, wel, 'na beth oedd golygfa. Do'n i erioed wedi bod yno cyn hynny a dyw'r syniad gewch chi o weld y lle mewn adroddiadau newyddion ar y teledu ddim yn dangos nac yn cyfleu crandrwydd, cyfoeth nac ysbryd y lle.

Mas â ni wedyn ar y balconi sydd uwchben afon Tafwys a gweld Llundain yn ei holl ogoniant yn ymestyn mor bell yn ôl ag y gallen ni weld. Gan ei bod yn olau dydd pan gyrhaeddon ni ac yn dywyll pan adawon ni, roedd yr olygfa yn newid o awr i awr, a Llundain â'i goleuadau yn y cefndir yn rhoi golwg newydd i ni ar y ddinas wrth iddi hwyrhau.

Roedd y cyfan yn ormod i fi a Lynwen a dweud y gwir, gan ei fod yn teimlo'n gwbwl swreal.

Ond roedd yn help i fi anghofio am un siom ges i'r diwrnod cyn teithio i Lundain. Ro'n i newydd ddod yn ôl o dramor, wedi bod yn hyfforddi yn y Dwyrain Canol, pan ddaeth neges i ddweud bod prif siaradwr y noson yn Nhŷ'r Arglwyddi, Jonathan Davies, wedi tynnu 'nôl y diwrnod cyn y cinio. Do'n i ddim yn hapus o gwbwl a dweud y gwir.

Roedd ail siaradwr wedi'i drefnu wrth lwc, sef Mel Thomas, cyn-brifathro ac aelod o Glwb Rygbi Penclawdd sy'n byw yn Lloegr. Mae'n siaradwr ar ôl cinio ardderchog sy'n cael ei nabod fel y Midlands Raconteur. Roedd e'n wych y noson honno, diolch byth, ac ar ddiwedd yr achlysur fe gyflwynodd ddarn o farddoniaeth wedi'i fframio i fi oedd yn crynhoi fy ngyrfa a 'mywyd. Fe wnes i werthfawrogi ei araith a'i anrheg yn fawr iawn. Ro'n i hefyd yn gwerthfawrogi'r ffaith fod Derek Quinnell wedi dod i ddangos ei gefnogaeth i fi'r noson honno ac fe ddwedodd e air hefyd. Fe yw noddwr fy mlwyddyn dysteb ac mae wedi bod yn ffyddlon iawn yn y digwyddiadau. Y diwrnod cyn y cinio yn Nhŷ'r Arglwyddi roedd teulu Derek Quinnell wedi cael ergyd drom wrth glywed nad oedd Undeb Rygbi Cymru yn bwriadu cymryd unrhyw gamau pellach yn erbyn chwaraewr o Cross Keys yr honnwyd iddo droseddu yn erbyn mab ifanca Derek, Gavin, yn ystod gêm yn erbyn Llanelli. Mae Gavin, o ganlyniad i'r digwyddiad hwnnw yn y gêm rhwng y ddau glwb, wedi colli'i olwg yn un llygad. Roedd y teulu a'r clwb yn gobeithio y bydde camau pellach yn cael eu cymryd, ond penderfynwyd peidio â gwneud hynny. Buodd hynny'n ergyd i'r teulu a hwythau eisoes yn ceisio dygymod â'r anaf difrifol a gawsai Gavin. O ystyried hynny, roeddwn yn gwir werthfawrogi presenoldeb Derek mewn digwyddiad cyhoeddus o'r fath. Mae'n dweud lot am y dyn.

Wedi i ni gwpla'r prif gwrs daeth yr Arglwydd Rowlands at Lynwen a fi a gofyn fydden ni am gael cip ar Dŷ'r Arglwyddi ei hun. Dwedodd y gallai fynd â rhyw ddwsin ohonon ni ar daith o gwmpas yr adeilad. Wel, sut oedd dechre dewis y dwsin mas o'r cant ac ugain oedd yno? Yn y diwedd, mae'n siŵr bod rhyw ugain ohonon ni wedi dilyn Ted Rowlands wrth iddo ein tywys o gwmpas, gan ateb llwyth o'n cwestiynau yn gyflawn ac yn gwrtais. Aeth â ni i mewn i siambr Tŷ'r Arglwyddi, oedd yn sicr yn brofiad gwerthfawr na wna i ei anghofio. Ond allwn i ddim peidio â meddwl am y lleill yn yr ystafell fwyta yn disgwyl am eu pwdin, a rhaid oedd mynd 'nôl atyn nhw.

Roedd Mel, fel y dwedes i, yn wych ac yna daeth fy nhro i. Dydw i ddim yn siaradwr cyhoeddus cwbwl naturiol er i fi gael digon o brofiad o wneud hynny erbyn hyn. Roedd awyrgylch yr holl achlysur yn amlwg yn drech na fi'r noson honno oherwydd dyna'r mwya nerfus i fi fod wrth siarad erioed. Dim ond unwaith cyn hynny y des i'n agos at deimlo yr un mor wael, a hynny pan ofynnes i dad Lynwen, Alun, am ganiatâd i briodi ei ferch. Doedd y geiriau iawn ddim yn dod mas o gwbwl ac ro'n i'n baglu dros y geiriau lleia. Fel'na oedd hi yn Nhŷ'r Arglwyddi. Heb os, dyna'r araith waetha i fi ei thraddodi erioed. Do'n i ddim hyd yn oed wedi llwyddo i gael y diolchiadau'n iawn – dwn i ddim beth fydde'r fenyw sy'n cofio fi fel y crwt oedd wastad yn dweud plis a diolch wedi'i ddweud am fy ymdrechion i ddiolch i bawb y noson honno!

Ar y nos Wener ganlynol ro'n i mewn cinio arall yn yr Emlyn Arms, Castellnewydd Emlyn. James Bond oedd thema'r noson ac roedd y lle'n llawn unwaith eto, ac ar ddiwedd y noson fe wnes fy araith orau erioed, yn ôl y rhai oedd yno, gan siarad am dros chwarter awr heb drafferth o gwbwl. 'Na wahaniaeth rhwng dwy noson.

Dechreuodd holl weithgareddau'r flwyddyn dysteb gyda chinio mawr yn Aberystwyth. Wedi i fi glywed 'mod i i dderbyn blwyddyn dysteb, cafodd pwyllgor ei ffurfio er mwyn trefnu holl weithgareddau'r flwyddyn. Bydd rhai chwaraewyr yn mynd at gwmnïau chwaraeon proffesiynol er mwyn trefnu a chydlynu digwyddiadau'r dysteb, ond ro'n i am gadw'r holl beth dan ofal pwyllgor lleol. Mae nhw'n grŵp gwirfoddol, gweithgar, brwdfrydig sydd wedi cael digon o syniadau gwreiddiol ar gyfer digwyddiadau amrywiol y flwyddyn.

Mae'n anodd credu faint o bobl ddangosodd ddiddordeb yn y cinio cynta hwnnw yn Llety Parc, Aberystwyth. Roedd dros dri chant a hanner yno, gan gynnwys ffrindie a theulu agos a lot o enwau mawr y byd rygbi rhyngwladol, fel Phil Bennett, Stephen Jones, Matthew Rees, Derek Quinnell, Scott Quinnell a Gareth Jenkins. Yno hefyd roedd un o sêr ifanc y dyfodol dw i'n siŵr, sef mewnwr ifanc y Scarlets, Gareth Davies, sydd newydd arwyddo cytundeb gyda'r clwb.

Roedd hi'n noson arbennig o'r funud gynta. Adrian Davies oedd wrth yr awenau yn arwain y noson. Gofynnodd Adrian i fi a Lynwen aros tu fas i'r stafell a cherdded i mewn, yn union fel y bydd pâr ifanc yn cerdded i mewn i frecwast priodas. Wrth i ddrysau'r stafell agor, bloeddiai 'Sosban Fach' drwy'r *speakers* a chododd pawb ar eu traed a churo dwylo wrth i ni gerdded rhwng y byrddau. Wel, am emosiwn cyn dechre! Roedd wedi creu'r awyrgylch priodol i'r noson gyfan. Gan fod Gareth Jenkins yno, a'i fod wedi cytuno i ddweud gair, gallen i ddisgwyl mwy o emosiwn. Roedd yn gyfle i Gareth roi un o'i areithiau o'r galon unwaith eto, ac yn sicr fe wnaeth hynny, yn union fel petai'n ceisio paratoi ei dîm ar gyfer gêm yng Nghwpan Ewrop. Emosiynol a dweud y lleia, a do'n i ddim yn disgwyl y fath achlysur. Aeth y bws cynta ddim adre tan chwarter i ddau'r bore hwnnw gan fod y noson yn dal i forio yn llawn hwyl. Chwarter i chwech y bore aeth Lynwen a fi i'r gwely! Allai'r flwyddyn dysteb ddim bod wedi dechre'n well.

Ers hynny mae'r pwyllgor wedi trefnu blwyddyn o ddigwyddiadau a phob un yn wahanol. Er bod gwisgo tei du ac ishte wrth y ford wedi bod yn rhan amlwg o'r flwyddyn, nid dyna'r holl stori. Un peth oedd yn amlwg i Lynwen a fi wrth drefnu blwyddyn o'r fath oedd ein bod ni ishe i'r digwyddiadau fod ar gyfer cynifer o bobl â phosib. Yr un mor bwysig â Thŷ'r Arglwyddi, felly, oedd parti Nadolig y plant ym Mharc y Scarlets. Dyna pam mae diwrnod i'r teulu wedi'i drefnu yng Nghlwb Rygbi Aberaeron hefyd. Roedd Jac a Lili-Ela yn rhy ifanc iddyn nhw allu cael unrhyw atgofion byw o'r cyfnod pan o'n i'n chwarae rygbi, felly ro'n i'n awyddus i wneud yn siŵr y bydden nhw'n rhan ganolog o'r flwyddyn dysteb. Mae hynny wedi gweithio'n sicr – roedd Jac yn meddwl taw ei barti fe oedd y parti ym Mharc y Scarlets. A pham lai!

Noson i'r menywod oedd y noson 'Frocks & Fizz' yng ngwesty'r Stradey Park, Llanelli – a 'na beth oedd noson. 'Sosban Fach' ddechreuodd bethe'r noson honno hefyd, ond y tro yma'n cael ei chanu gan grŵp o fechgyn ifanc, Only Cross Hands Boys Aloud, a rheiny'n rhedeg ar y llwyfan, dros ugain ohonyn nhw i gyd. Fe wnaeth pawb gyffroi yn syth o ganlyniad i'r egni roedden nhw'n ei gyfleu. Gang o fechgyn ifanc ydyn nhw na fydde wedi breuddwydio bod yn aelod o gôr flwyddyn cyn hynny mae'n siŵr, ond erbyn hyn maen nhw'n cwrdd yn gyson i ymarfer yng Nghlwb Rygbi Cefneithin, ac yn dod o ardal eang drwy Sir Gâr gyfan. Dan arweiniad rhai o aelodau Only Men Aloud, maen nhw wedi datblygu'n gôr o safon. 'Calon Lân' gawson ni wedyn ganddyn nhw, a phan wnaethon nhw ganu 'Don't Stop Believing', dyna pryd y gwnaeth pawb sylweddoli bod y bois hyn yn wirioneddol dalentog. Ar y nos Wener ganlynol fe es i â'r grŵp cyfan i gêm ym Mharc y Scarlets er mwyn dangos iddyn nhw gymaint ro'n i wedi gwerthfawrogi eu cyfraniad. Roedden nhw wedi creu'r awyrgylch perffaith ar gyfer yr hyn oedd i ddilyn yn y Stradey Park, sef bois y Scarlets yn modelu dillad.

Wel, bydde 'bron yn gwisgo dillad' yn well disgrifiad o rai ohonyn nhw i fod yn fanwl gywir! Roedd y menywod ar eu traed, ar y cadeiriau, ac ar y byrddau hyd yn oed. Daeth Lou Reed, George North, Peter Edwards, Andy Fenby, Aaron Shingler, Ken Owens a Dom Day 'mlaen. Roedden nhw i gyd, yn enwedig Lou Reed, yn gwbod siwd oedd plesio'r dorf, a phrin oedd y dillad a wisgai ambell un erbyn iddyn nhw gyrraedd tu blaen y llwyfan. Pants yn unig roedd Lou Reed yn ei wisgo ar un adeg a'r merched yn sgrechen ac yn gweiddi dros Gymru! Tri chant o ferched yn eu helfen a'r bois yn taflu blodau a hetiau atyn nhw ymhlith pethe eraill.

Tra bod hyn i gyd yn digwydd yn y brif stafell, roedd y pwyllgor wedi trefnu bod y merched oedd hefyd yn modelu dillad, y côr a'r chwaraewyr rygbi i gyd mewn stafell gefn, lle roedd bwyd a diod wedi'i baratoi ar eu cyfer. Profiad difyr tu hwnt oedd edrych ar y tair carfan yn ymateb i'w gilydd. Roedd bois y côr yn amlwg yn teimlo'r anrhydedd o fod yn yr un stafell â rhai o'u harwyr rygbi ond mewn ffordd yn ddigon swil a diymhongar hefyd. Roedd y bois rygbi yn amlwg yn dangos diddordeb yn y merched a ddaeth yno i fodelu, a falle nad oedden nhw cweit mor swil a diymhongar â'r côr! Ond eto i gyd, dangosai'r bois rygbi gryn edmygedd o ddawn y côr, gan eu bod wedi creu cryn argraff arnyn nhw yn ogystal ag ar y tri chant oedd yn y brif stafell. Roedd y cemegion personol hyn i gyd yn cymysgu tu ôl i'r llenni, tra bod cemegion tra gwahanol ar waith o gwmpas y byrddau!

'Nôl adre ym Mhorthyrhyd roedd drama fach arall yn digwydd. Dyna'r noson i Alun, tad Lynwen, edrych ar ôl y plant am y tro cynta ar ei ben ei hunan, gan fod Beryl ei wraig yn mwynhau'r 'Frocks & Fizz'. Pan gyrhaeddon ni gartre tua hanner nos roedd y tŷ fel Blackpool, yn llawn goleuadau. Erbyn mynd i mewn i'r tŷ, dyna lle roedd Lili-Ela yn eistedd yng nghôl ei thad-cu yn gwenu'n braf ac yn byta losin! Roedd hi'n hapus a'i thad-cu wrth ei fodd. Braf felly oedd cyrraedd 'nôl wedi bod mewn digwyddiad cymdeithasol, er bod hwnnw'n gysylltiedig â gwaith a rygbi, ac yna cael cyfle i werthfawrogi sefyllfa deuluol hollol naturiol yn aros amdanon ni yn ein cartre.

Mae wedi bod yn flwyddyn a hanner o safbwynt yr holl ddigwyddiadau. Alla i ddim eu henwi nhw i gyd, ond mae noson yng nghwmni Glan a Dai Jones Llanilar yn Nhyglyn Aeron hefyd yn sefyll yn y cof, fel mae'r cinio yng Nghaerdydd ar y noson cyn y gêm rhwng Cymru a Seland Newydd yn yr hydref. Mae dau reswm am hynny. Yn gynta, roedd yn syndod mawr bod unrhyw un wedi cyrraedd yno o gwbwl oherwydd yr eira mawr. Ond yn ail, ac yntau yng nghanol y paratoadau ar gyfer y gêm fawr y diwrnod wedyn, daeth Steve Hansen draw i'r cinio er mwyn cynnal sesiwn cwestiwn ac ateb cyn dychwelyd at garfan Seland Newydd. Mae gen i barch mawr iddo ac rwy'n gwerthfawrogi'r ymdrech a wnaeth y noson honno yn arbennig.

Yn y sioe ffasiwn yng ngwesty'r Stradey Park roedd bois y Scarlets yn modelu dillad newydd sbon a lansiwyd gan y Scarlets yn enw Ray Gravell. Y prif reswm dros wneud hynny oedd bod cyfran o elw'r flwyddyn dysteb yn cael ei roi i elusennau o ddewis y chwaraewr. Fy newis i, heb unrhyw amheuaeth, oedd Ymddiriedolaeth Ray Gravell a Thŷ Hafan ym Mro Morgannwg. Roedd dewis elusen Grav yn gweddu i'r dim oherwydd bod Grav y Scarlet yn gawr o ddyn ac wedi cyfrannu cymaint at fywyd Cymru. Roedd wedi cyfrannu cymaint at fy mywyd a 'ngyrfa i hefyd a braf oedd cael cyfle i roi rhywbeth 'nôl yn enw'r dyn mawr. Ar ben hyn, mae ei ymddiriedolaeth yn cyfrannu at achosion amrywiol yn y tair sir sy'n rhan o ranbarth y Scarlets: Sir Gâr, Sir Benfro a'm sir enedigol i, Ceredigion. Yng ngeiriau Grav ei hun, *West is Best*!

Daeth Tŷ Hafan i'm sylw pan o'n i yn aelod o garfan Cymru. Fe aethon ni ar daith draw i Sully i weld yr hosbis i blant ac fe greodd gryn argraff arna i. Gyda ni ar y pryd roedd Brent Cockbain, y cawr o glo oedd newydd golli ei fab, Toby, a hwnnw ond yn fabi. Pan ddaeth Lynwen mas i Awstralia ata i adeg Cwpan y Byd yn 2003, roedd Kate Cockbain a Toby yn ei grŵp hi yn ogystal â rhai o'r gwragedd eraill. Felly daeth Lynwen i'w nabod hi'n eitha da. Lai na chwe mis wedi hynny roedd Toby wedi marw o dyfiant ar yr ymennydd ac yntau ond yn 13 mis oed. Siglodd y drasiedi honno holl chwaraewyr Cymru ac roedd mynd o amgylch Tŷ Hafan gan wbod beth oedd newydd ddigwydd i Brent yn un o'r profiadau mwya dirdynnol dw i wedi'i gael.

Dw i ddim yn gwbod sawl chwaraewr sydd wedi gorfod rhoi'r gorau i chwarae hanner ffordd drwy ei flwyddyn dysteb. Dim llawer fentra i. Roedd hynny yn ei hunan yn brofiad lletchwith iawn. Ond mae'r flwyddyn dysteb wedi sicrhau nad oedd yn rhaid i fi ddiflannu'n llwyr dros nos o'r byd rygbi, fel y gallasai fod wedi digwydd mae'n siŵr. Roedd digwyddiadau i'w trefnu a'u mynychu a'r rheiny'n esmwytho'r ffordd ac yn fy mharatoi at fyw bywyd nad yw'n cynnwys chwarae rygbi.

# 13

# Pennod Newydd

GALLASAI'R STORI 'MA fod wedi cael ei hysgrifennu am rywun arall yn ddigon rhwydd. Boi o'r enw Dilwyn. Dilwyn yn sicr fydde wedi bod yn Ffos Las ar y dydd Sul hwnnw ac yn y Prince wedi hynny. Dilwyn oedd mas yn mwynhau yn Buenos Aires gyda thîm Cymru, ac yn Lanzarote hefyd. Ond Daf, heb os, fydde wedi bod yn dost am wythnos a Daf wnaeth wynebu cerydd Steve Hansen. Dilwyn, chi'n gweld, yw'r enw ma'r bois wedi'i roi arna i pan fydda i mas yn joio. Yr 'alter ego' fel maen nhw'n ei alw fe. Bydd chwaraewyr yn galw fi'n Dilwyn o bryd i'w gilydd, yn enwedig Mark Jones. Dyna'r enw a ddefnyddiodd Mark wrth anfon neges i ddymuno'n dda i fi ar raglen *Wedi 7* wedi i fi gyhoeddi fy ymddeoliad. Yn rhaglen fy mlwyddyn dysteb mae'n dweud bod llawer mwy y gallasai fod wedi'i ddweud am Dilwyn nag am Daf!

Dyna un peth amlwg y bydda i'n gweld ei ishe a finne wedi gorfod gorffen chwarae'n gystadleuol am byth. Na, nid cael fy ngalw'n Dilwyn – bydd hynny'n siŵr o barhau – ond y frawdoliaeth sy 'na mewn carfan. Dw i wedi bod yn ddigon lwcus i'w phrofi a'i gwerthfawrogi gyda'r Scarlets ac yng ngharfan

149

Cymru, er bod 'na ambell beth, cofiwch, na fydda i'n gweld ei ishe yn y gêm fodern.

Hunlle, a dweud y gwir, oedd y dyddiau o wbod bod fy ngyrfa ar ben a finne'n trio 'ngore i ddygymod â'r ffaith ac yn ei chael hi mor anodd. Y sgwrs 'na wedyn pan lwyddes i ddweud 'Proff, it's Amen.' Roedd honno wedi digwydd cyn y Nadolig, ond chafodd y newyddion mo'i gyhoeddi i'r cyfryngau tan ddechre Ionawr eleni.

Roedd cwpwl o wythnosau felly o ishte gartre gyda Lynwen, Jac a Lili-Ela yn gorfod wynebu realiti. Diolch byth am y plant dros gyfnod y Nadolig. Yn sydyn reit, sylweddoles i fod modd mwynhau bywyd nad oedd yn gysylltiedig â rygbi mewn unrhyw ffordd. Daeth ystyriaethau pwysicach i'r amlwg, rhai ehangach a rhai fydde'n para lot yn hirach. Roedden nhw wastad wedi bod yno, wrth gwrs, gan fod y teulu wedi golygu lot fawr i fi ac yn dal i wneud, teulu Porthyrhyd yn ogystal â'r teulu estynedig. Nhw fuodd yn gefn i fi ddal fy nhir trwy bopeth.

A 'mestyn ma'r teulu estynedig hefyd. I ddechre, mae hanner brawd a hanner chwaer gyda fi hefyd, sef Mared Fflur a Steffan Dafydd, plant Dad. Dw i'n dod 'mlaen yn grêt gyda'r ddau ac mae Steffan yn dangos arwyddion cynnar o 'nilyn i gan ei fod yn chwarae rygbi a phêl-droed ar hyn o bryd. Dw i hefyd yn wncwl i wyth o blant erbyn hyn. Mae Deian Sion, Tomos Ifan, Erin Fflur a Iolo Hedd yn blant i Carys ac Elan Grug, Elis Glyn a Ioan Bryn yn blant i Cerian. Mae gan Rhiannon, chwaer Lynwen, blentyn chwe mis oed o'r enw Iari John. Does dim gwell na'u gweld nhw i gyd yn chwarae'n braf gyda'i gilydd yn y cae tu ôl i'r tŷ ar bnawn Sul. A dw i'n meddwl wrth edrych arnyn nhw'n mwynhau, tybed oes sêr y dyfodol o'm blaen i ar gae'r fferm?

Wrth sôn am ein dyweddïad yng nghanol tymor y Gamp Lawn yn 2005, ddwedes i ddim 'mod i wedi llwyddo i wneud yr holl drefniadau heb i Lynwen wbod dim amdanyn nhw. Roedd hi wedi mynd bant i sgïo gydag Ysgol Pantycelyn lle mae hi'n athrawes ac fe drefnes i y bydde hi, ar ôl cyrraedd gartre o'r trip, yn mynd yn syth i wlad dramor arall gyda fi. Gan fod Beryl ei mam wedi pacio ar ei chyfer, lan â fi i Lanymddyfri i gwrdd â hi oddi ar y bws er mwyn mynd i'r Aifft. Er mwyn iddi gael tamed bach o rybudd, fe ffonies i pan oedd hi ar y bws ar y ffordd gartre o'r maes awyr. Cyrhaeddodd yr ysgol, daeth mas o'r bws, i mewn i'r car ata i a bant â ni i'r maes awyr!

Fe briododd Lynwen a fi'r flwyddyn ganlynol, ar ddiwedd y tymor rygbi y tro hwn. Ond roedd trefnu'r noson stag yn lot fwy o broblem na dim arall. Ro'n i wedi cael y llawdriniaeth gynta ar fy ysgwydd ym mis Mehefin ac roedd fy mraich yn dal mewn sling yn ystod yr wythnosau cyn y briodas. Edrychai'n debygol ar un adeg y bydde'n rhaid i mi briodi â 'mraich mewn sling, ond diolch byth fe ddaeth e bant ddyddiau cyn y diwrnod mawr. Ond roedd yn broblem wrth fynd ar noson mas 'da'r bois, a Lynwen yn becso y bydde mwy o ddrwg yn cael ei wneud ac y bydden i mewn gwaeth sefyllfa o ganlyniad. Canslwyd y noson mas yn Newcastle felly ac, yn y diwedd, mewn limo i'r rasys ceffylau yn Ascot aethon ni. Digon yw dweud ein bod ni wedi cael amser da a 'mod i wedi dod 'nôl yn saff!

Yng nghapel Bethel, Cwmpedol, capel teulu Lynwen, y priodon ni. Nid Golf GTI aeth â fi draw i'r briodas ond Audi *convertible*, a diolch byth bod digon o filltiroedd rhwng Llanarth a Ffarmers fel y gallwn i fwynhau taith yn y fath gar! Wedi cyrraedd, i mewn i'r dafarn â ni'n syth gan fod y tafarnwr wedi paratoi roliau bacwn i'r bois cyn y gwasanaeth: Jeff, Aled, Gareth brawd Lynwen, Dylan Fronwen – y Cupid wnaeth ddod â Lynwen a fi 'nôl i gysylltiad â'n gilydd – a fy mrodyr yng nghyfraith, Gary a Marc. Roedd fel mynd 'nôl i ddyddiau helfa Llanwnnen. Aethon ni 'nôl i'r dafarn ar y dydd Sul hefyd i fwynhau cwmni'r teulu a'n ffrindie.

Roedd y capel yn orlawn ac roedd yn dipyn o syndod bod pawb wedi dod o hyd i'r lle heb fynd ar goll. Cawson ni gwestiynau di-ri pan aeth y gwahoddiadau mas i esbonio ble ar y ddaear roedden ni'n bwriadu priodi. Ond fe weithiodd popeth yn grêt. Roedd Mared Fflur yn forwyn briodas i Lynwen yn ogystal ag Elan Grug a dwy chwaer Lynwen, Rhiannon a Helen. Daeth rhai o fy ffrindie o fyd rygbi yno hefyd – Stephen Jones, Barry Davies, Mike Phillips, Dwayne Peel, Garan Evans, Wayne Proctor, Mark Jones a John Davies, yn ogystal â'r Ken Owens ifanc iawn. Braf oedd cael y bois 'na, bois y bues i'n chwarae yn yr un tîm â nhw a bois y bues i yng ngharfan Cymru 'da nhw. Oedd, roedd ein cyfeillgarwch wedi cryfhau dros y blynyddoedd.

A finne newydd ddyweddïo, daeth cynnig a allai fod wedi newid ein bywydau ni'n dau yn llwyr. Wedi i ni ennill y Gamp Lawn daeth neges gan glwb Perpignan yn holi a fydde diddordeb gen i ymuno â nhw. Yn ddi-os, roedd yn deimlad braf cael cynnig o'r fath ond roedd hefyd yn codi hen grachen, gan taw mewn gêm yn erbyn Perpignan y derbynies i'r garden goch. Yn amlwg, doedd hynny ddim ar eu meddyliau nhw erbyn hyn ac roedd hynny'n gysur. Ar yr un pryd, cefais wahoddiad gan Toulouse hefyd, a'r ddau glwb yn cynnig arian dychrynllyd o uchel. Rhyfedd dweud, ond fuodd y fath gam ddim yn rhan o'm huchelgais i fel chwaraewr rygbi erioed, er eu bod nhw'n gynigion deniadol tu hwnt. Gan fod fy nghytundeb gyda'r Scarlets ar fin dod i ben roedd amseru'r clybiau o Ffrainc yn berffaith. Ymhen dim wedyn cefais wahoddiad oddi wrth Gaerwrangon ac roedden nhwythau hefyd yn taflu eu harian er mwyn denu chwaraewyr newydd. Roedd Lynwen yn ddigon awyddus i symud ac yn gefnogol iawn. Perpignan oedd yn apelio fwya aton ni ac fe es i mas yno, gan hedfan i Barcelona a gyrru trwy'r Pyrenees. Rhaid cyfadde bod y cyfan yn hyfryd – y golygfeydd, y tywydd, y traethau – a'r clwb yn amlwg yn glwb uchelgeisiol. Ond ar ôl dod gartre, ac wedi pwyso a mesur pob cynnig yn ofalus, penderfynes beidio â symud ac y dylwn barhau â'r trafodaethau gyda'r Scarlets er mwyn aros yng Nghymru. A dw i'n falch erbyn hyn 'mod i wedi gwneud y penderfyniad hwnnw.

Ers hynny, wrth gwrs, mae llif o chwaraewyr wedi dod i mewn i Gymru ac yn y misoedd diweddar mae'r niferoedd sy'n bwriadu gadael Cymru wedi cynyddu'n sylweddol. Daeth yr hyn a gaiff ei alw'n 'Gatland's law' i fodolaeth, sef penderfyniad hyfforddwr Cymru i ddewis chwaraewyr sy'n chwarae yng Nghymru yn unig i chwarae dros eu gwlad. Mae wedi torri'r rheol honno'n barod wrth alw Dwayne Peel ac Andy

Powell, er enghraifft, i mewn i'w garfan. Dw i ddim yn gweld y bydd modd iddo gadw at ei benderfyniad yn y blynyddoedd nesa wrth i fois fel James Hook a Lee Byrne gael eu denu i chwarae i glybiau yn Ffrainc.

Rhaid sylweddoli bod chwaraewyr tramor sy'n chwarae i ranbarthau yng Nghymru yn lleihau'r cyfleoedd a gaiff chwaraewyr o Gymru. Soniais eisoes am y gystadleuaeth sy'n bodoli rhwng y bois sy'n chwarae yn erbyn ei gilydd bob wythnos wrth iddyn nhw ymladd am grys Cymru. Ond wrth i chwaraewyr tramor chwarae dros y rhanbarthau, golyga hyn bod diffyg dyfnder mewn ambell safle yng ngharfan Cymru a hynny'n arbennig ymhlith y blaenwyr, yn enwedig y prop pen tyn a'r wythwr.

Mae dwy ddadl yn taro yn erbyn ei gilydd fan hyn. Os yw'r hyfforddwr cenedlaethol yn mynnu taw dim ond chwaraewyr sy'n chwarae i glybiau yng Nghymru y bydd e'n eu dewis, ac os yw'r rhanbarthau'n defnyddio chwaraewyr tramor, yna bydd nifer y chwaraewyr y caiff tîm Cymru ei ddewis o'u plith yn lleihau.

Dw i'n aml yn mynd at y bois ifanc sydd yn nhîm y Scarlets ac yn dweud wrthyn nhw:

'Bois, chi ddim ond pedair neu bump gêm dda ar y mwya bant o gael eich cap cynta!'

Ar ôl nifer fechan o gêmau da bydd chwaraewyr heddi yn denu sylw hyfforddwyr Cymru. Dw i'n dweud hynny wrthyn nhw er mwyn eu hannog o fewn y system sy'n bodoli ar hyn o bryd, ac er mwyn rhoi cefnogaeth iddyn nhw. Ond nid fel'na roedd hi. Bues i mas o garfan Cymru am sbel wedi i fi

gael anaf, ond ar ôl i fi gael cwpwl o gêmau da i
Lanelli 'nôl â fi i garfan Cymru. Ond roedd 'da fi
dros ddeg ar hugain o gapiau'n barod, felly roedd
hynny'n wahanol i raddau. Erbyn hyn, mae modd
mynd i mewn i'r garfan am y tro cynta ar ôl rhediad
cymharol fyr o gêmau da.

O ganlyniad, caiff rhai eu capiau yn lot rhy rwydd.
Fydden i ddim yn mynd mor bell ag y mae Barry
John yn ei wneud drwy ddweud bod chwaraewyr
rygbi Cymru yn ennill cap heddi wrth fynd ar fws
tîm Cymru, ond beth fydden i'n ei ddweud yw bod
gormod o chwaraewyr sydd wedi cael rhyw hanner
dwsin o gapiau a does neb yn clywed fawr ddim
amdanyn nhw byth wedyn.

Dw i ddim chwaith yn erbyn chwaraewyr tramor
yn ein rhanbarthau. Mae pob un wedi elwa o
bresenoldeb rhywun o dramor. Ond dw i ddim yn
credu bod y system fel ag y mae yn ddigon clir ac yn
ddigon ymarferol. Mae'r chwaraewyr tramor yn gallu
gwneud sylwadau digon difyr ynglŷn â'n gem ni yng
Nghymru, cofiwch, ac yn arbennig am ddylanwad y
gêm ar y wlad yn gyffredinol. Un o'r sylwadau hynny
yw eu hymateb i un crys yn arbennig, sef y crys rhif
10. Mae lot fawr ohonyn nhw wedi mynegi syndod
a rhyfeddod bod cymaint o obsesiwn ynglŷn â phwy
sy'n gwisgo'r crys rhif 10, ei fod tu hwnt i bob rheswm
ac na fydde hynny'n digwydd yn eu gwledydd nhw.

Yn ystod blwyddyn a fuodd yn un eitha gwael i
fi, sef 2007/8, diflannodd rhyw awch o fy chwarae
i am gyfnod. Doedd yr awydd i chwarae ddim wedi
diflannu chwaith, ond am ryw reswm doedd fy
meddwl ddim yn gyfan gwbwl ar chwarae rygbi. Ar

ddechrau'r tymor hwnnw roedd Jac yn rhyw wyth mis oed a chyn hir roedd Lili-Ela ar y ffordd hefyd. Roedd bywyd yn newid. 'Nes i erioed golli'r awydd i chwarae rygbi, er y buodd 'na gyfnod pan oedd yr ymroddiad sydd ei angen i chwarae'r gêm yn gwrthdaro â 'mywyd i gartre, yn enwedig gan 'mod i bellach yn dad. Doedd safon fy rygbi ddim cystal y flwyddyn honno ac, yn wir, doedd pethe ddim yn iawn. Roedd teithio bant i gêmau Magners, er enghraifft, wedi datblygu i fod yn dipyn o faich.

Felly roedd angen i fi gael trefn ar bethe gan taw chwarae rygbi oedd fy mara menyn i. Roedd angen i fi wynebu hyn yn gorfforol o ran fy ffitrwydd a hefyd yn feddyliol. Fe wnes i hynny, a diolch byth, o fewn dim, roedd sylw hyfforddwyr Cymru arna i. Ro'n i 'nôl yn y garfan erbyn taith yr haf i Dde Affrica yn 2008, ac yna ar gyfer gêmau'r hydref yn 2008, yng ngharfan y Chwe Gwlad, ac wedyn ar y daith i Ganada ac America yn yr haf yn ogystal â bod yng ngharfan gêmau'r hydref yn 2009. Roeddwn i'n barod i chwarae rygbi unwaith eto.

Ond yna daeth yr anaf a buodd yn rhaid i fi ymddeol yn gynnar. Wedi cyhoeddi'r newyddion a wynebu'r sylw a ddaeth yn ei sgil, diflannes am ryw dridie oddi wrth bawb a phobun. Roeddwn i wir o dan gwmwl. Daeth negeseuon di-ri o gefnogaeth, gan gynnwys neges bersonol gan Steve Hansen o Seland Newydd, ac fe 'nes i wirioneddol werthfawrogi'r neges honno. Ond roedd ishe llonydd arna i gan fod rhaid i fi ddelio â rhai pethe fy hunan.

Ochor yn ochor â hynny, roedd yn gyfnod prysur iawn, wrth i fi gael lot o gyfweliadau ar y radio a'r teledu a sgwrsio â newyddiadurwyr sy'n gysylltiedig â phapurau newydd yng Nghymru ac yn Lloegr. Un diwrnod, pan es i Barc y Scarlets i wneud cyfweliad i'r cylchgrawn *Golwg*, ro'n i newydd fynd â Jac i'r ysgol am y tro cynta. Dyna beth oedd cyffro wrth ei weld e'n cerdded i mewn yn grwt bach mor ddiniwed a bregus drwy gatiau'r ysgol. Roedd hadau'r bywyd newydd yn cael eu plannu wrth gyhoeddi bod yr hen fywyd ar ben. Ymhen dim, daw tro Lili-Ela i gymryd yr un camau. Mae bywyd y ddau fach yn agor o'u blaenau, a finne nawr mewn sefyllfa i fod yno i'w rannu gyda nhw, heb orfod teithio bant o adre. Ma'r cês wedi'i roi heibio. Odi, ma bywyd yn mynd yn ei flaen.

Ers i fi fod yn grwt ysgol ifanc iawn yn Aberaeron, roedd Mam yn dweud yr un peth wrtha i bob tro cyn i fi gamu ar y cae i chwarae rygbi.

'Whare fel 'se whant arna ti!'

Fe ddwedodd hynny wrtha i tan y gêm ola un yn erbyn Seland Newydd. Dw i wedi trio gwneud hynny trwy gydol fy ngyrfa, beth bynnag yw lefel y gêm dw i wedi bod yn ei chwarae. Nawr galla i edrych 'mlaen at ddod o hyd i ffyrdd o drosglwyddo'r chwant i chwarae rygbi i sêr dyfodol y gêm yng Nghymru.

Y trueni yw bod fy nghyfnod i o chwarae'r gêm wedi gorfod dod i ben cyn i'r chwant ddiflannu.

# Hefyd o'r Lolfa:

**£9.95**

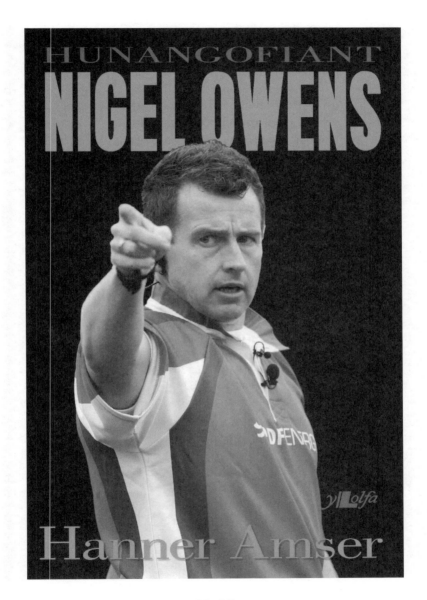

£9.95

Am restr gyflawn o lyfrau'r Lolfa, mynnwch
gopi am ddim o'n catalog
neu hwyliwch i mewn i'n gwefan

**www.ylolfa.com**

lle gallwch archebu llyfrau ar-lein.

TALYBONT CEREDIGION CYMRU SY24 5HE
*ebost* ylolfa@ylolfa.com
*gwefan* www.ylolfa.com
*ffôn* 01970 832 304
*ffacs* 832 782